ILLUSTRATOR TABLE

創作者的
工作桌與日常

黃惠鈴　著

illustrator
25位

目次 Illustrator ×25

FOLLOW ME !

**「無法帶你們到每位創作者的家中作客，
只能以此書將孕育他們創作能量的場域大公開。」**

文／黃惠鈴

身為編輯，有很多機會到創作者的家中或工作室，一則為了催稿，也有可能只是拜訪閒聊，也有可能是一起窩在那角落苦思討論下一個更好的作品。每每在社群網站上不小心透露了行蹤，都會讓一干人等羨慕不已，常被要求：「能不能帶我去？」、「好想知道……他（她）的工作室長什麼樣子？」同樣都是創作者，也很想一窺別的創作者的工作室。有幾次，我們三三兩兩誤打誤撞一起到某工作室去串門子，大家都會好奇地互相聊起各自用的筆、顏料、紙張、甚至是椅子或書架……。

每位創作者的工作桌，就是一個獨立完整的小小行星，它繞著作者恆星公轉，即使遭遇隕石襲擊、地殼變動、火山爆發、冰河時期，歷經千辛萬苦為的就是孕育出名為「作品」的生命。

創作者的腦袋、他們的生活、工作的場域以及工作桌到底與常人有何不同？身為創作者，他們如何生出靈感？如何化腐朽為神奇？也許是一台電腦或是一枝筆、也有可能是某個令人醉心不已的玩具，或是某張老舊的椅子、那斑駁的桌角，卻影響了一幅圖、一個設計作品、一本繪本、一個藝術創作……。

這幾年，因為辦了一些勞心勞力的活動，串起了一群平日總是宅在家的創作者們的相聚與交流，這些交流畢竟有時間和地域的限制，無法經常舉辦，於是，我想

換一種形式，讓創作者能有一本書於紙上交流彼此的生活與工作型態，也許我有點天真，但我想透過這樣一本書凝聚創作者，知道彼此在地球上、在哪些角落裡，有和你一樣天天窩在工作桌旁努力的同伴，創作上的孤寂也許就變得有趣多了。

很感謝兩年前在我有此構想時，各路英雄好漢的支持與響應，得到許多鼓勵與力量，緊接著，大家將資料統整寄給我、督促我，現在真的要將想法落實成一本書了。這一路上，因為有你們的協助，得以累積那麼多可貴的資料。這本書可以說是集合眾人的力量完成，美其名是我的書，其實是大家共有的一本書，謝謝大家成就這件事。

在整理和撰寫的過程中，激起許多美好的回憶。驀然回首，我已在這工作崗位奮鬥二十幾年了，很開心作為一名編輯，幫助很多人完成出版的夢，同時一起築起為讀者做好書的夢。這本書，其實也是我二十多年編輯生涯的一份大禮物，眾多創作群的友誼，彌足可貴。

希望以這本書形成一股力量，結合台灣創作者本身的動力，讓彼此有些溫暖、有些交流，共同走向更好的創作氛圍。創作者的工作精神與他的作品，就是台灣真正的文化軟實力。

ILLUSTRATOR TABLE

illustrator
01

小林豐

培養「世界是聯結」的觀念，
無知和不關心才是衝突的根源。

1979 年日本美術展覽會入選、1983 年獲得上野森美術館特別優秀獎。小林豐喜
歡用行走的方式觀察世界、觀察風景。對於有人的地方、有生活氣息的城鎮、部
落，特別感興趣。1970 年開始遊歷中東和亞洲回教國家，用筆記錄眼睛所見到的
風土民情。他的作品擅長描繪異國文化，內容具有溫暖的特質，處處蘊藏著豐富
的情感，受到世界的高度評價，贏得「和平旅者」的美譽。

孕育創作者的「根」

這個很不一樣的日本人。我經常忘記他是外國人，可能在我們相處的時候，一直在談論台灣，無論在哪裡，或是天馬行空的聊天，最後都會回到台灣。他對台灣太過好奇了，可能是出於有顆炙熱的心，想以台灣為題來繪製繪本吧。所以每每見面，總是不停地提出他的問題以及對台灣的印象。從這些過程中，我們也開啟了對自己土地不一樣的關注角度。

1946 年出生於東京深川，在日語裡「深川」是一個被稱作「下町」且以商業、手工業發展的地區，明明離東京丸很近，走過日本橋那些高聳林立的金融大樓後，突然進入了小巷道、寺廟、神社、花街柳巷還有妓院，時空背景與環境氛圍，截然不同。小林豐說：「我小時候常搭船出門，下船就走路，經常用仰望視角看雜亂的東京，覺得這個城市很華麗，每次出門都像一場探險。」小林豐在《城鎮》一書中將這些童年印象細緻地繪製成書，一座靠近海口的小鎮，三三兩兩的人群，充滿恬靜的氛圍，偶爾有藝妓迎面

而來，空氣中傳來胭脂粉的香味，廟前商店街烤著小丸子、紙門被拉開、孩子抓蟬的嬉鬧，充滿了聲音與氣味。他說：「深川雜亂的街道就是我的根。」這是孕育創作者的生命起源。

走路，是創作最初的源頭

「我為了觀察風景而走路，開始到處走，走到鄰鎮，再到鄰鎮的鄰鎮……然後開始畫畫、創作繪本。」第一次接待小林豐來台時，我們一起到台南，第一次見識到他驚人的腳力，隨行翻譯蘇小姐當時說：「我這輩子加總起來都沒這一天走的路多……」我們大約從民生綠園附近開始走，用迂迴與不規則的方式朝安平的方向前進，從早上9點半開始，大約下午1點至2點間到達安平，小

A：小林豐老師家中的院子裡，有棵受地方保護的大樹。

林豐走路不是盲走。「我常常藉由散步尋找創作題材。走路的速度、距離、高度與視線都很重要。從高山或高樓上俯視，雖然風景很美，但畫不出令人感動的東西。我的畫面還同時需要味道和聲音，能聽到人們的聲音才有感觸。」走路時，他常常中途停下來觀察，尋找舊時和現在的差異性，哪裡可能是以前的水道，哪些地點可能有港口，蹲下來摸摸泥巴，或是嘗嘗流下來的水。小林豐總說：「請相信自己眼睛及耳朵所見所聞的東西。」

小林豐習慣中午起床，然後吃點食物之後就開始出門散步，有時候自己走，有時候和太太一起走，有時候與他的編輯一起找地方走。如果你約他走路，他一定欣然地答應。「我很喜歡黃昏，黃昏時我總在外面蹓躂。」走累了，他就吃點東西，休息一下，

B：小林豐老師的書房裡有一張舒適的椅子。

到了晚上6、7點，他才開始「睡午覺」，大約睡到9點起床，然後開始工作。

如果出門旅行，例如來到台灣，他的適應能力很強，幾乎不用特別作調適，時時都像充好電力的好動者，根本不想停下來，一直都想往不同方向的地方去走走看看，他喜歡往有人的地方去，有人有生活氣息，就有文化。

曾經從歐洲的巴黎以行走的方式走回東京，帶著最簡單的行囊，經過半年的時間，「當然也有坐火車、公車和馬車、駱駝、驢子。」小林豐記得當時旅行中的故事：「伊朗的沙漠是全世界最乾燥的沙漠，那裡的中午氣溫

C、D：畫室裡有各式可供學生練習描繪的物件。

極高，熱得我以為我要死在那裡了。當時，我得到一顆生雞蛋，我把雞蛋放在鐵板上，鐵板放在地上，雞蛋打上去就可以煎成一個荷包蛋，卻不是很好吃。行走其間非常缺水，如果有一點點水的話，我就先喝一點，然後用這一點點的水漱漱口並滋潤鼻腔，再用水沾溼臉，最後沾擦一下頭髮。有一度已經三個月沒有洗澡，我穿越沙漠前穿的長褲都變成了短褲，像個乞丐。在行走中，第一個出來迎接我的是孩子，他大聲說：『有一個很髒的人來了！』我拿了肥皂和洗髮水走下河洗

E

澡，結果他們示意我不可以在這裡使用化學清潔用品，會污染水源，村子會滅亡。」這些點點滴滴，最後也都出現在小林豐繪本的畫面中。

走過世界那麼多地方，這幾年讓他心心念念的是澎湖料理。2013

但為了大家後面幾天的腳力著想，我們好說歹說地才搭上車子。他在 2014 年和 2015 年在日本所出版的兩本繪本中，都出現了澎湖。他以前想吃好吃的中國料理時，會搭飛機到香港大快朵頤，這幾年他覺得台灣的料理，無論是客家菜還是各地的小吃，都非常吸引他。可能是台灣的地理位置吧，他認為台灣在亞洲的位置上，是個充滿豐足與魅力的精彩之處。他說：「台灣是個多島國，澎湖也是！」多島國的意思在他的解釋中應該是聚集眾多文化的意思。

年我們一起到澎湖，在馬公市吃完早餐，他說要用走的去西嶼的西台古堡，我們所有人都嚇到了，「走得到啊！」當然都走得到，

E：眾多藏書的書櫃。　F：各色顏料罐。

對編輯的看法

已經在日本各地出版三十幾冊繪本的小林豐，那麼資深的創作者，對於編輯的看法：「『作者』與『編輯』，是平等的，一樣重要。為了不讓創作者自己陷入單一的觀點，所以要與編輯一起體驗、交流，一起成長。」

他認為「繪本」是有「厚度」的，角度要宏觀，圖與圖之間是相連的。小林豐認為「在繪本中加入文化的元素，將使繪本永久保留！」他更建議創作者：「生活本身就是找尋資料的所在，情報就是自己去接觸出來的。世界那麼大，培養孩子『世界是聯結』的觀念，無知和不關心才是衝突的根源。」小林豐的繪本，能讓孩子在關懷世界的心胸下，養成同理心的世界觀。

小林豐這次將以蝴蝶為軸線，創作以台灣為題的繪本，這是他近幾年多次探查台灣各地後的心得累積與深入研究後的成果。

1・小林豐的畫室。
2・將近期最重要的文件掛在書桌旁的牆上。
3・各種大小的畫筆。

工作桌上的
小宇宙
×
平常日子

4. 《城鎮》一書內容描述的是小林豊的故鄉、他的根。
5. 老師帶著台灣的創作者，導覽書中的實際場景。
6. 第一次到馬祖，清晨等船，很隨興在港口吃馬祖的特色早餐。
7. 書中場景，都能在深川的大街小巷看到。
8. 工作桌上正在畫的《Taiwan 風之旅》。
9. 常用的顏料器皿。

How to Work?

一個作品的完成流程

以《Taiwan 風之旅》製作過程為例：

FOLLOW ME!

走路觀察

蒐集資料

繼續行走

驗證資料

繪製出地圖與人物 →

初步文字 →

完成

文字最後修正

完稿

與編輯討論

草圖

與編輯討論

Step 1 脚本：思考節奏

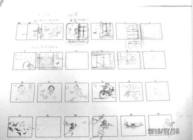

Step 2 試畫角色

Step 3 試畫場景

小林豐點出了台灣的徬徨與對未來的探索之心，以蝴蝶和風為媒，穿越古今，從東到西、由南至北，將台灣的文化與人文畫成一幅幅的長軸。如果你不曾細看這塊土地，透過他的畫筆，以不同的角度，看見未曾看見的台灣。

創作的
果實

2012 年第一次正式邀請小林豐來台，直到 2015 年的這段期間，
與他在台灣各處走路。這個過程除了有台灣的好山好水相伴外，
最讓他感動的應該是台灣的人。於是，他答應為台灣創作繪本。

創作的
果實

ILLUSTRATOR
TABLE

illustrator
02

施政廷

───────

心裡總是有計畫，但身邊總是有變化，
更何況造化弄人，人生也就且戰且走了。

已有 20 年在家工作的資歷，作品《月光》2013 年入選義大利波隆那插畫展。目
前繪本和插畫創作出版圖書約 60 冊，著有《台灣小吃之美——基隆廟口》、《鹽
山》、《河與岸》、《鮭魚大王》、《貓先生愛釣魚》、《念力神功》等書。

最欣賞的創作者：畫家保羅・克利（Paul Klee）、《先知》的作者卡里・紀伯
倫（Kahlil Gibran）。

資深「在家」工作者

「我是一個從事繪本和插畫創作的在家工作者，也在大學兼課和大朋友們討論繪本創作經驗，還在圖書館說故事給小朋友和家長聽，分享閱讀的樂趣。」現居住在桃園中壢的施政廷，在家工作 20 年，除了擁有創作上的自由之外，也喜歡接觸不同的題材，嘗試使用不同的材料和技法來創作。2013 年以作品《月光》入選義大利波隆那插畫展，目前繪本和插畫創作出版圖書約 60 冊，歷年來也舉辦過 10 次繪本和插畫原作的展覽。

「我一起床就可以工作畫圖，躺下頭一靠枕就可以睡著。我把一天的時間分成早上、下午和晚上 3 段來工作，大約各有 3 至 4 個小時可用，除了日常生活作息外就是工作，不是到學校兼課就是在家畫圖，盡量一段時間做一件事。因趕稿子而熬夜是做這一行的常態，但還是會要求自己能有正常的作息，別熬夜工作。」

現實與理想的勢均力敵

長年接受插畫委託案，到學校兼課和在家畫圖，其實是兩難的選擇。因為花費的時間和精神是會互相抵消的。「不可能同時畫畫又上課。所以我把上課的時間，控制在一星期不超過兩個工作天，因為畫圖才是我的本業。」只是這部分很難做到，因為現實的因素，到學校兼課會有固定收入，靠純創作來賺錢，還是會比較不穩定。就像拔河一樣，學校兼課和在家畫圖勢均力敵，對於創作者來說，得兩者兼顧，而且兩件事都要盡力

做好。

施政廷並沒有固定的呈現風格或既定的呈現手法，「大部分先是依照收到委託的故事內容去發想，再來選擇適合的技法與媒材。我也喜歡接觸不同的題材，嘗試使用不同的材料和技法來創作。」到目前為止，他最喜歡的作品，是自己的第一本書《下雨了》，

A：圖桌與書架。　B：工作桌一隅。

因為他說：「這是自己的第一個孩子嘛。」

不斷嘗試多樣媒材

在他所出版的作品中，經常地使用某些媒材，比如鉛筆、水彩、色鉛筆、粉彩、彩色墨水、墨汁、廣告顏料、壓克力顏料、彩色筆、粉蠟筆、針筆、攝影底片和紙版畫等等，而且一用再用，會因為媒材的熟悉度，以及希望表現的風格而使用不同的材料及呈現方式。除此，他也會嘗試不曾用過的技法，除了嘗鮮，也是對自己的期許和磨練。「作品裡總有一些實驗的性質，總有一些不合時宜的想法。每個人都會告訴我，我該這麼畫或我該畫這個比較好，但我總是不聽話，可能還沒找到自己的風格和特色吧！」

「現在流行的電腦繪圖，是我還正在努力練習的技法。」擅長手繪，喜歡手製感的施政廷，也正努力嘗試跟上流行的步伐。

「希望能有一大堆的創作工作擺在眼前，永遠做不完。並且和家人生活在一起，不管做什麼都好。」這是施政廷目前最滿意的生活狀態，對於近期的目標，他

最常做的事，
效法陶侃搬磚

施政廷喜歡整理和打掃身邊的事物，在家經常把它們搬過來又搬過去。從筆筒、小櫃子、桌子和書架上好幾百本的繪本、正在看的書、明天要上課的資料、學生的作業，自甲搬到乙，從乙搬到丙，再從丙搬到甲，日復一日、月復一月、一學期又一學期……，這就是施政廷效法陶侃搬磚的精神！

也說：「永遠都是把手上的工作完成，一本接著一本。心裡總是有計畫，但身邊總是有變化，更何況造化弄人，人生也就且戰且走了。近期有一本土地公、一間圖書分館的視覺規劃、一本燈塔的故事……等著我去完成。」有工作、樂觀以對，似乎就是身為自由工作者安心的所在。

C：施政廷和作品《月光》合影。

1・工作桌一角。

2・種些植物移情。

3・幫助思考的小物：六子聯芳的組合積木。

4・所種的仙人掌。

5．工作中的施政廷。

6．大王丸（這是施政廷 20 年的老朋友）。

7．10 樓的窗景。

8．窗台的花。

工作桌上的
小宇宙
×
平常日子

How to Work?

一個作品的完成流程

簡 單來說，先想各種可能表現方式，試著找出可行的技法，然後就剩下努力的畫圖了！但是，這通常是個三心二意的過程，常常來來回回、修修改改，很花時間。

以《台灣小吃之美 —— 基隆廟口》製作過程為例：

FOLLOW ME!

現場探勘、拍照

↓

試畫場景

↓

蒐集文字和圖片資料

↓

仔細蒐集圖片

↓

草稿

↓

完稿

草圖試畫

資料蒐集

精細草稿

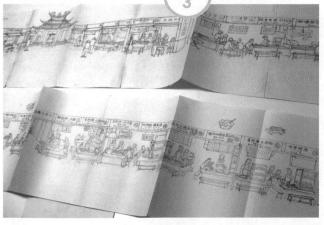

〈大家來逛夜市——宇宙小行星中壢〉

創作的
果實

ILLUSTRATOR TABLE

illustrator
03

崔麗君

嚴凱信

期許自己生活在最愛的土地上，

畫最好看的故事。

崔　崔麗君

成長、求學、工作都在台北市，卻深深愛著大自然，喜歡山、喜歡海。作品有《來玩交換禮物》、《春天的野餐會》、《誰在敲門》（信誼幼兒文學獎推薦獎）、立體書《水果大餐》、《山丘上的約會》、《貓妮妮愛漂亮》、《妹仔快長大》、《山伯伯的下午茶》等書。

嚴　嚴凱信

1963 年生的水瓶座，覺得自己的性格是理性與感性並重。從事插畫工作 30 年，作品多到自己都忘了有畫過。

兩位最欣賞的創作者：塔莎奶奶、高行健、村上春樹、馬爾奎斯的《百年孤寂》

FB　貓妮妮的石頭屋

金瓜石石頭屋的
插畫家夫妻檔

插畫圈其實有多對夫妻檔，崔麗君和嚴凱信正是其一。崔麗君小巧可愛，人緣超好，大家都親暱地叫她崔崔。凱信很酷，個性特立獨行，有諸多傳說中的封號，例如：車神、阿你不信神、神大、

A

兔子先生。這兩人，喜歡山、喜歡海，希望有一天能夠住在看得到海的山上。十多年前，這個夢想終於實現了！這是一棟七十多歲的石頭屋，位在金瓜石的外九份溪旁，本來是礦工的房子，現在是崔麗君和嚴凱信的住家兼工作室，也是兩人一草一木努力而來的最佳見證。

崔崔成長、求學、工作都在台北市，卻深深愛著大自然，凱信則是不折不扣的基隆人。崔崔畫了30年的兒童插畫，做了二十多年的SOHO族，畫過很多兒童文學

凱信覺得自己是一位理性與感性並重的創作者,他說:「我的記性很差,忘性特強,對不好的人、事、物不會在意,很快就把它忘了。」這樣的性格,與心思細膩的崔崔正好互補。

作家的故事,也畫幼兒教材和國小教科書。「當年看我畫的書的孩子們都長大了!」崔崔雖然戲說自己都要當老奶奶了,但因為個子和個性的關係,一點都看不出歲月留下的痕跡。她說:「期許自己生活在最愛的土地上,畫最好看的故事,給可愛大、小朋友,直到變成滿臉皺紋的老奶奶。」

凱信與崔崔都曾經歷過台灣插畫與出版最輝煌的時期,兩人很認真地扮演積極的「舒活族」,從一般插畫到教科書,任何題材的創作,都能迎刃接受。崔崔的作品畫風溫馨、顏色甜美喜歡畫大自然的花草植物和動物,最擅長水彩渲染的表現,覺得自己較不

A:喜歡自己動手作,插畫工作之餘,從不閒著。　B:這是凱信的「手工藝」小玩具。

擅長畫機械和建築物。

凱信的作品風格多樣，喜歡追求新事物的他，擅長處理哲思類與詩歌類的題材，水墨、水彩、版畫與電腦繪圖的創作媒材。

努力生活是創作的動力

兩人除了畫圖之外，崔崔形容自己的生活：「早起早睡、不熬夜；跟農夫一樣，日出而作，日落而息。」除了插畫工作，崔崔有一雙巧手，對於園藝工作也有獨到的技術，尤其，她有一位

很體貼的先生，偶爾會為她編鐵花籃，或是協助部分粗重的事情。「整理花草的時候，可以放鬆心情，幫助思慮更清楚。」

C：院子裡處處有好風景。　D：在海上漂流也是遠離人群的方法，凱信喜歡這樣過生活，並不愛聊天。

偶爾，喜歡到瓜山國小跑操場，邊跑邊想故事，是獲得靈感的方法之一。

凱信則喜歡獨處，沉浸在手作的樂趣中，不愛應酬。「任何時候想畫就畫，但天氣太好會想出去玩……」

旅行、單車活動、吃吃喝喝或徜徉在大海中漂流的獨木舟，找個空曠處吹吹風，都是凱信單純且愉悅的生活享受。「沒有做不到的，只有爽不爽的問題。」他還自己手作一艘獨木舟，想做什麼都很努力地達成，似乎就是他的

信念。騎單車、從生活中人、事、物得到的啟發，以及他所養的貓，都是幫助他思考的方式。對於有趣並具挑戰性的案子，會感到興奮，激發出更多動力。

崔崔最嚮往塔莎奶奶的生活形式，但是，在別人眼中，他們已經在過這樣的生活了。

E：家中成員──米豆。

崔

1 · 療癒的小物，崔崔手作的乾燥花花圈。
2 · 每天待最久的地方。
3 · 生活中最喜歡做的事情是下廚。
4 · 女兒手作的甜點。
5 · 休息、聊天的地方。
6 · 工作桌。
7 · 常用的媒材，水彩、壓克力顏料、彩色鉛筆。

工作桌上的
小宇宙
✕
平常日子

6

7

嚴

1 · 凱信自己設計的車衣，與起霧的 **102** 公路。

2 · 認養來的貓咪，名「拔辣」，是凱信的好酒伴。

3 · 喜歡自己弄簡單的美食享受獨處。

4 · 最喜歡的單車運動。

5 · 凱信偶爾會變身為很厲害的炙燒師傅。

6 · 工作桌。

7 ·「金瓜石的茶壺山山頂，是我愛去的地方，從山頂俯視整個金瓜石。
讓自己全然放空，也因為這樣我選擇搬到金瓜石居住。」凱信說。

How to Work?

一個作品的完成流程

FOLLOW ME!

草圖

構思題材

↓

故事雛形

↓

與編輯討論

↓

草圖

↓

完稿

打樣校色

以《春天的野餐會》
製作過程為例：

開發周邊商品

餅乾。

崔崔的插畫作品成為刺繡商品。

《春天的野餐會》

第一本以台灣四季為主題,帶領孩子親近自
然,體驗四季不同生活樣貌的原創繪本,
2016 年春天先推出《春天的野餐會》,
2016 年冬天接著推出《來玩交換禮物》。

創作的
果實

How to Work?

一個作品的完成流程

嚴

FOLLOW ME !

騎單車

感動

吃吃喝喝

發想

騎單車

製作 →

單車旅行
吃吃喝喝

製作完成

吃吃喝喝

製作

騎單車

吃吃喝喝

騎單車

創作的
果實

騎上腳踏車你就會感覺到......

自信　開心　善良　自由　快樂

上：很多想法都在戶外活動中產生，長途的單車挑戰，
　　產生的腦啡讓自己更放鬆，也讓思緒更清楚。由
　　於喜歡騎單車，自己也創作了一本單車圖畫書。
左下、右下：《一起來騎腳踏車》繪本內頁。

ILLUSTRATOR TABLE

illustrator
04

李如青

有時候摧毀自己，

其實是向前……。

1962 年出生在海角窮荒的金門縣境，1987 年來台謀生，喜歡爬爬山、看看電影、下下廚、逗逗小孩。國立藝專畢業，曾在廣告公司擔任企劃工作。2007 年，因為一個偶然的際遇，讓他體認到這塊土地上的一切竟是如此美好，從此開始繪本創作，目前已出版了 9 本繪本：《那魯》、《勇 12：戰鴿的故事》、《雄獅堡最後的衛兵》、《紋山》、《旗魚王》、《不能靠近的天堂》以及《因為我愛你》、《追風者》、《拐杖狗》，第 10 本《牆》2016 年底出版。希望將自己所見、所聽、所聞、所感知的美好、和每個孩子一同分享。

最欣賞的創作者：南懷瑾、余秋雨、林布朗

FB 李如青

人生，轉了彎——
創作圖畫書

從外表辨別一定沒有人會猜到李如青是做創作的人。李如青本名是李懿倫，他的朋友大多叫他阿倫，來自金門，曾久居花蓮，每次到了哪裡，他都能說起那個地方與他的連結，完全如其人外貌，根本就是一位浪子。

到了 45 歲開始從事繪本創作，幾年的時間，得了三座金鼎獎，還有一座個人的金鼎獎最佳畫家，連續幾屆的好書大家讀和年度插畫家獎，以及豐子愷圖畫書獎。我曾笑說：「還好你出道得晚，讓很多人有飯吃。」他馬上制止我這樣說：「這樣會得罪多少人啊！」這也是他一向很懂得與人為善的優點。

A

大筆一揮，功夫了得

與如青合作第一本繪本《旗魚王》，他坐在花蓮海邊跟我說這個故事，海浪聲搭配著故事情節時的驚濤駭浪，深深被這個很會說故事的傢伙打動。舉辦發表會時，他找了許多討海的哥兒們一起站台，他們站在一起，李如青倒是最像討海人。他說他愛山也愛水，還有愛騎馬，就像是一個十足的好動健將，實在很難與畫圖畫上等號，而且還是畫得如此細膩生動。一度，我曾經懷疑他是「說了一口好『畫』」，雖然深知畢業於國立藝專的他也算科班出身，而且當年（以他的年紀）國立藝專的術科都是非常了得的，但是他每次都帶了一捲又一捲的草圖，話說的一段又一段，故事一個接一個，簡直講得天花亂墜、令人頭昏腦脹。

直到有一回我們到香港舉辦講座，從大澳回到市區後，我們商量要送一個禮物給香港的朋友，於是李如青當場捲起了袖子，完全沒有任何打底，就一筆一筆地將那大澳的場景描繪而出，當下，心服口服。

A：2015 年冬天，與林小杯、蔡兆倫等人到大陸領獎，順道一遊杭州西湖。

四海兄弟是
最佳的創作諮商師

李如青的生活，東奔西跑，早期
為了求學與生活，從金門來到台
灣，然後在許多地方都稍作停留，
就好比《拐杖狗》裡的那隻狗，
流浪了許多地方，遇見了許多朋
友，有幫助他的，也有給他磨練
的。許多人都聽過他的故事，知
道他曾做過廣告，甚至做建築、
開便當店、送貨，什麼朋友都有，
什麼人生似乎都經歷過，因為這
麼多樣的人生，三教九流的兄弟，
倒也都成為他很棒的創作諮商師。

隨遇而安，
成了創作的養分

有一段時間，他到花蓮工作，一
塊薄薄的大木板就成了他的畫桌；
回到新北市，隨意的喝茶桌也是
他的畫桌；會畫圖的人，哪兒都
能創作，隨遇而安。

他的繪本，就像他的人生，處處
有朋友，到處聊天打屁，喝茶喝
酒，許多故事就這樣出現一個光
亮；朋友口述，有了小碰撞，然
後他就記下來，等待機會發酵成
一個完整的故事。有時候，不經

意地遇見了一個景物，會突然起雞皮疙瘩，故事就這樣水到渠成了。

創作的堅持，加倍的努力

李如青對於創作這件事情，覺得「有沒有戲？」非常重要，尤其在意氣勢磅礴的畫面，彷彿一部電影要有最佳的配樂畫龍點睛。平常工作時，如青喜歡背景有音樂的陪伴，而這些音樂只能是曲調不能有人聲，因為有人聲的音樂他會忍不住跟著唱，然後就耽誤了工作。

雖然許多人認為他已經算「很厲害」了，但是他時時覺得自己落於人後，須加倍努力。「有時候摧毀自己，是一種往前……」充滿著廣告文案的人生，活生生刻印在他的生活中。

 B：在金華，與諸位前輩合影留念。

1

1 · 在永和家中，地下室已被他占領。

2 · 雜亂中隨處可抓到資料，很有安全感。

3 · 不刻意使用什麼特殊的器材，有筆、有水、有顏料就能畫。

工作桌上的
小宇宙
✕
平常日子

4・鬧中取靜的家，小狗總是他的最愛。

5・常用的顏料和筆。

6・2015 年榮獲金鼎獎。

7・生活可以很簡單，在馬祖搭船，一碗泡麵也能度過一天。

How to Work?

一個作品的完成流程

FOLLOW ME!

以 **2016** 年新書《牆》製作過程為例：在討論的過程中，將全書的包裝設計、規劃都一併納入思考。

構思題材

↓

與編輯討論可行性

↓

繪製草圖

↓

特地到長城實地考察

↓

繼續修整草圖

↓

討論

↓

完稿

也許全部摧毀再重新來過

點子來了！
不小心在斗篷裡抓到一絲線索！
而有了這本敘述古往今來的精彩作品。

Step
1

Step
2

畫草圖

修整草圖

Step
3

《拐杖狗》

每一幅畫面,都是一段故事,而藏在畫面的深處,
是熟悉的台灣土地與人文,李如青還巧妙地將幾位
知名插畫家、評論者入鏡,歡迎對號入座。

創作的
果實

ILLUSTRATOR TABLE

蔡 兆 倫

永遠在學習創作繪本！

生於台灣，從事卡通動畫師、美術編輯等工作，繪製漫畫、兒童插畫、童書繪本多年。目前專職繪本創作，個人創作 3 本圖畫書：《我睡不著》獲得第 4 屆國語日報牧笛獎圖畫書首獎。《看不見》獲得第 37 屆金鼎獎最佳兒童及少年圖書獎、好書大家讀 2012 年年度最佳少年兒童讀物獎、2013 年第 3 屆豐子愷兒童圖畫書獎佳作獎、2016 年波隆那兒童書展拉加茲童書獎佳作。2015 年與作者劉清彥合作《小喜鵲與岩石山》獲得 2013 年好書大家讀年度優秀繪圖者、第 4 屆豐子愷兒童圖畫書獎佳作獎，最新作品《杯杯英雄》於 2016 年 9 月出版。

最欣賞的創作者：很多，曹俊彥、趙國宗、劉伯樂、李瑾倫、林小杯、李歐‧李奧尼（Leo Lionni）、柯薇‧巴可薇絲基（Kveta Pacovska）、謝爾‧希爾弗斯坦（Shel Silverstein）、安野光雅、堀內誠一、荒井良二……
到目前為止最喜歡的作品：《珊珊的月光》、《藍鷹之歌》……

FB　蔡兆倫

W　mypaper.pchome.com.tw/news/allen12313/

漫畫：blog.sina.com.tw/ohappyday/

2016 年獲得義大利波隆那拉加茲獎的蔡兆倫，一向低調，其實他已連續榮獲兩屆豐子愷圖畫書獎，從事插畫創作的資歷也非常資深。從復興美工畢業後，作過卡通動畫師、美術編輯、插畫家、童書作家，「以前生活壓力較大，沒什麼時間創作。現在比較可以做自己想做的事，但惰性也隨之而來了，要自己想辦法克服。」

開始創作後的生活

兆倫會依照不同的文本故事來設定要表現的形式，但他十分謙虛地說不知道自己的作品特色在哪，「用不同的方式畫圖應該會比較有趣。」

畫畫、與家人相處和教會活動是目前生活重心。他表示自己其實從起床到就寢，都可能在畫圖 (工作)，但也經常做一些和畫畫無關的事，很容易分心。他認為最能幫助他思考、獲得靈感的事情，

A

就是「散步、看影片、聊天！」
生活中的體驗和觀念，是影響作
品的最大因素。

參與活動，
與他人交流切磋

除了教會活動外，兆倫近些年較
會主動參與一些與繪本相關的聚
會，在活動中，經常靦腆地躲在
一旁，難得開個口，但一說起話
來，相當有冷面笑匠的喜感。

有一次一群插畫家一同到馬祖參
訪，兆倫總是拿著相機很認真地
拍照，而且構圖角度非常特殊，
令大家激賞。構圖對插畫家而言
時時都在練習，攝影也是一種練
習方式，讓自己多一些思考。除
此，我們也發現兆倫總是趁著空
檔，拿著他的平板與大家分享他
近期的創作，多方採納意見，但
是他習慣一對一分享，若有一群
人突然將他圍住，他就開始害羞
了。

他最嚮往的生活形式，是可以在
世界各地生活並創作繪本。雖然
已經得了相當多獎項，他依然謙
遜地表示：「要繼續學習創作繪
本！」

A：長年的努力，終獲國內外大獎的肯定。

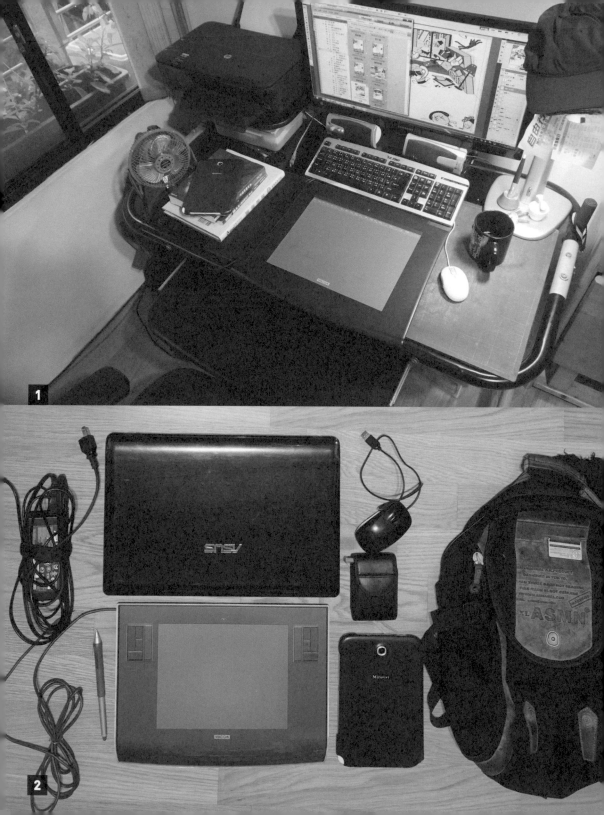

3

1·桌面上的設備。

2·出門的行動裝備。

3·工作時的場景。

工作桌上的
小宇宙
╳
平常日子

4・有時候會到咖啡廳或圖書館畫圖。

5・剛好有空或圖畫不下去時就到附近公園散步。

6・窗台的花已經變成了雜草，需要整理一下。

7・順便拍些照片。

8・已出版的作品。

9・這裡是工作、睡覺、逛網站的好地方。

10・每個杯子就像每個人，而誰是英雄呢？

How to Work?

一個作品的完成流程

同樣一個故事，因說故事的方式不同，結果差別很大，如何運用文字與圖畫，以最適合的節奏來說一個故事，真的需要好好研究。

故事

↓

蒐集資料

↓

草圖

↓

修改文圖

↓

彩圖

↓

修改彩圖

以《看不見》製作過程為例：

Step
1

《看不見》的演變

Step
2

很久以前繪本班的作業，這是當時的草圖。

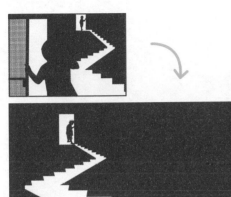

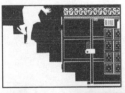

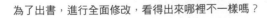

為了出書，進行全面修改，看得出來哪裡不一樣嗎？

《杯杯英雄》

杯杯王國有個傳說，誰能爬上廣場中央的高塔就是杯杯英雄。英雄要有智慧、要有超人體格、要有領導力、要堅持夢想……到底誰能當上英雄？反諷的寓言故事，令人深省又不覺莞爾。

創作的
果實

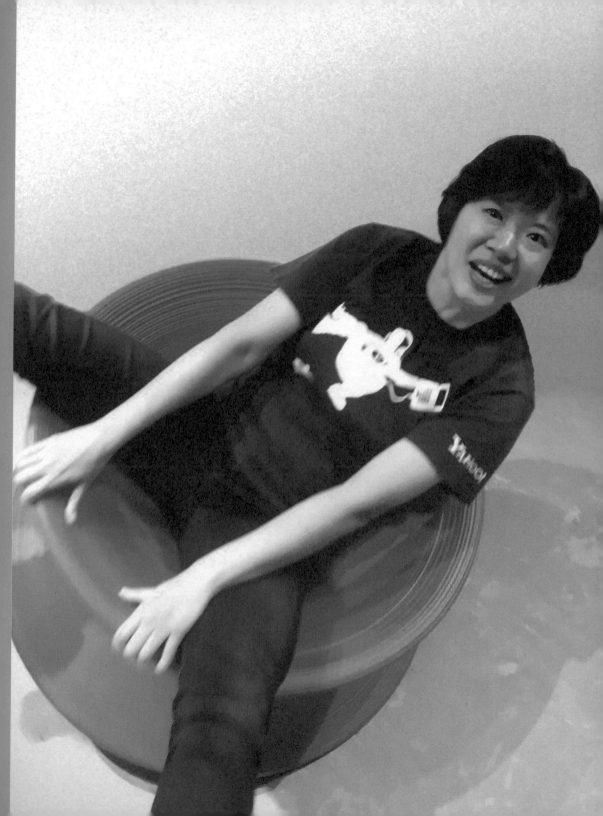

ILLUSTRATOR TABLE

孫 心 瑜

對自己的期許：

「永遠有新的創作。」

義大利波隆那拉加茲獎、金鼎獎繪本作家、連獲兩屆「信誼幼兒文學獎圖畫書創作獎」。

出生於台北市，台灣師範大學美術學系研究所畢業，學生時代即獲各種繪畫比賽大獎。繪製過郵票，曾到長江探源，旅居美加、上海、遊歷歐亞。從事各類視覺設計工作多年，現專注插畫設計與繪本創作。作品有無字繪本《回家》、《背影》，以及《午後》、《北京遊》、《香港遊》等書。

最欣賞的創作者：其實繪本看得不多，但如藍‧史密斯（Lane Smith）、湯米‧溫格爾（Tomi Ungerer）、李奧‧李奧尼（Leo Linonni）、佐野洋子等，都有驚艷之作。

FB Shystudio（孫心瑜）

默默經營，水到渠成

2015 年，是心瑜創作的巔峰，從天而降的幸運並不純粹是一份禮物，長期以來參與許多投稿與比賽，起起落落，突如其來被通知獲得義大利波隆那拉加茲獎，這個獎並不是自己去投稿或徵求的獎項，而且還是台灣第一位榮獲此獎者，這一切應該是默默經營，終於「水到渠成」。多年來，她總是靜靜地躲在角落努力，保持著平衡的心態，認真觀察世界的脈動，雖然偶爾在臉書抒發一下尖銳的看法，對於創作，還是很踏實、沉穩地堅持自己想做的東西。

出生於台北市，心瑜在學生時代即獲各種繪畫比賽大獎，台灣師範大學美術學系暨研究所畢業。除了旅行，也短暫移民到加拿大待了些時間，在台灣從事各類視覺設計工作多年，在繪本創作領域上，也曾獲得信誼幼兒文學獎、金鼎獎的肯定，現專注插畫設計與繪本創作。

雖然受的是傳統美術學院派的訓練，善於用透明水彩來表現技法，

但使用電腦創作已超過 25 年，她說：「大半時候是坐在電腦前度過。」

平衡的天秤座

不認識孫心瑜的人，第一次見面或從照片上看到的她，都會誤以為她是一位很冷、很酷的創作者，可能因為從小的表現一直都非常優異，熱情的內心偶爾需要有冷峻的表情來平衡，非常典型的天秤座特性。

個性穩健而理智，隨性中又帶有藝術家的堅持。一年會安排至少兩次出國旅行，平日空閒上網追劇，有機會的話就與朋友四處走走晃晃，或是吃喝一番。

A：一如作品《午後》的場景，騎著單車和現在已經到天上的 Kiki 一起逛街。

心瑜其實內心充滿熱情，與較熟
的朋友在一起，很自然地流露出
略帶三八的個性。她很喜歡朋友、
很喜歡與人相聚，有時候因為害
羞，總是躲著。這兩年，較常出
去參加講座或偶爾受邀分享創
作，對她而言，這也算是避免自
己過於自閉的健康行為。

創作中的視角，
源自生活經驗

心瑜的作息非常規律，雖然她常
說自己動靜皆宜，但是個性與打
扮偏中性的她，少了在外貌上的

鋪張與經營，生活簡單踏實。正
常的時候，早上 7 點起床，遛狗、
餵狗、吃早餐，上網看新聞，8
點至 9 點間開始工作，12 點前吃
午餐，之後工作到晚餐前，作息
盡量讓自己有如上班族般規律。

其實心瑜的健康情況並不是很理想，只是少有人知，偶爾進出醫院做療程，她也是獨自一人非常正向地面對與看待自己，這部分的獨立，與她一直以旁觀者的角度經營繪本的畫面，其實是有很大的關聯性。我們可以從她的作品中，發現觀景窗的布局和構圖，不是以背影的方式，就是像跑馬燈，一幕幕以抽離的表現傳達著她對這世界的看法與觀察。

B：心瑜現在養的豆豆，跟她一樣害羞（右為 Kiki）。　C：偶爾與朋友一起嬉鬧。

「閱讀、旅行、認真生活」是創作的起點

心瑜現居住在台北城市中的一個角落，小小的套房，空間不大，卻是五臟俱全，還有一隻大狗豆豆陪伴。「在家陪狗、畫畫的時間居多，幸虧樓高，窗外有仙跡岩山景陪伴，算是擁擠都市中的一隅桃花源。」最常做的就是上網、看影片、下廚做飯與遊玩。心瑜很愛下廚，對於美食無法抗拒，朋友一多就會有很好的食欲。她說：「吃、旅行、畫畫是生命三大事。」對於現在的生活方式，

她很知足地表示，這樣就很好了。

「閱讀、睡覺、放空。」能幫助她思考事情，「閱讀、旅行、認真生活。」則是最常獲得靈感的方法。她對自己的期許：「永遠有新的創作。」影響心瑜作品最

大因素就是「生命經驗」和「成長背景」。在聯經所出版的幾本書，都是貼近她生命與內心最深刻的事物。偏寫實與以生活經驗為出發點，作品經常令人勾起感觸。

其實從學生時代，水彩便是她的強項，經常為學校和自己得到無數獎牌，也因此幾乎成為校園風雲人物，但是她就以酷酷的方式來隱藏自己「澎湃」的喜悅與害羞。現在她最擅長與最常使用的表現手法是電腦繪圖，在繪圖軟體日新月異中，心瑜喜歡嘗試新風格，並積極了解各種工具的使用。心瑜說：「之前的繪本作品主要都在電腦完成，使用工具很單純（photoshop）。想慢慢回歸手繪，《回家》即是用水彩畫至八成後，再掃描到電腦進行後製。」

D：今年至新加坡草根書店分享自己的創作與經歷。　E：在馬祖旅行時的側拍。

1 · 用平板練習手繪。

2 · 每個創作者都需要有一張好椅子。

3 · 家裡的工作桌。

4 · 手繪上色。

3

4

工作桌上的
小宇宙
×
平常日子

FOLLOW ME!

How to Work?

一個作品的完成流程

自身的感觸與經驗

↓

馬上繪製

↓

**完成度約八成後
和編輯討論**

↓

修整與沉澱

↓

繼續朝完成的路邁進

《回家》

一粒種子跟著來到彼岸，落地生根，開枝散葉。樹成了遮陽與調節空氣的作用，也是回家的根源。這是你我熟悉的一座森林公園的真實故事。

當岸邊天天光臺灣年油少，
大家忙著搭建臨時家園，準備著國國旗……

我是最林公園裡的一棵蒙生樹，今年六十七歲了，
藉過小孩的傳笑，滿房的哭喊、戀人的親情恩愛，
也有他許多說故得心的事。

坐在那張椅子上的老爺爺，他的故事也是我的故事……

創作的
果實

ILLUSTRATOR TABLE

陳 盈 帆

———————

從自身生活汲取靈感，

獨處時，思考反芻。

對插畫充滿著研究與創作的熱情。作品風格多變，最喜歡的是可愛小動物們。
繪本作品：《愛的小旅行》、《蘋果甜蜜蜜》、《鬼門開》、《小小寶寶》、
《123 到台灣》，以及為低幼兒設計規畫的「毛毛123」系列《開開》、《來
來》、《抱抱》。

最欣賞的創作者：沒有固定欣賞的人，一直在變動。

FB 陳盈帆插畫 Ying-Fan's Illustration

色彩風格繽紛濃烈的陳盈帆，師大美術系畢業後，到紐約繼續進修，因家庭因素返回台灣後，從25歲開始從事專職插畫工作，2002年BAIJ繪本原畫展入選、2008年國家出版獎優選、2011年義大利波隆那插畫展入選、2013年豐子愷圖畫書獎入圍、2015年美國3X3插畫比賽優選，經歷許多創作和國際比賽的磨練，目前居住竹北，喜愛園藝與小動物，還有小寶寶。

生命的歷程
孕育創作的廣度

盈帆現在全心全力放在繪本創作上，圖畫中透露出溫馨與幽默。她認為自己的作品有這四項特色：「色彩鮮明，生活體驗，描寫情感，女性觀點！」因為身為女性，結婚後，與先生移居到陌生的城市，感覺自己與從國外來台的外籍配偶有著某些相同的情況，激發她創作了《蘋果甜蜜蜜》一書。

因為結婚，而在一個地方落地生

根，在土地播了種子，經過時間的淬鍊，有如插枝的蜜蘋果，也會有開花結果的一日。因為身為母親，懷胎 10 個月的歷程，又讓她從一個獨立自我的女性昇華為母親的角色，有了喜悅與盼望，

也有了新的期望。

寶寶誕生後的新生活

盈帆說：「生寶寶後，生活有些忙亂，意識到時間規畫的重要。所以盡量規律地生活，把家庭生活與工作分開為兩處。每天如同上班一般去工作室工作。這會隨時間推移再繼續變化。工作重質不重量，時間留給創作多一點，接案少一些。」

在生活中，除了翻閱書籍，無論在工作室或家中，「上網」也是不可或缺的重要活動，與其他創作者比起來，盈帆經常長途旅行，

A

A：2011 年義大利波隆那插畫展入選作品，更成為 2016 年出版《愛的小旅行》一書的某段故事。

從生活方式、旅行、藝術欣賞，與人交流和了解社會脈動等各方面，都影響著她的作品表現。

圖像的表現對她來說，可以說是得心應手，但是她很喜歡挑戰新媒材，《小小寶寶》前前後後用了多種風格，從馬諦斯派的強烈色彩，到色塊型態，最後又回到水彩的上色模式，因心境的變化，以及自我挑戰，而費時「搞工」。「配合文本表現視覺。我沒有固定使用的畫法，每本新書我都重新思考一次表現的方法。」

而盈帆的創作從女性觀點出發感受生命，以生活角度描繪自身的體驗與感觸，同時蘊含了情感，

她說：「從自身生活汲取靈感，獨處時，思考反芻。」

跨界創作的體驗

除了繪本創作的工作，盈帆也接些插畫的工作，包括知名糕餅業者也找上門來請她為彌月禮盒作設計繪圖。

2014 年更跨足參與空間的規畫與

B：獲得 2011 年波隆那插畫獎入選其中一幅作品。

C

繪圖，說到這件事，算是知名度打開後，自有伯樂親自上門。位於台南的奇美博物館，在規畫兒童館區時，特別邀請盈帆參與館內的牆面繪圖，但因牆面的圖與整體空間安排，甚至是與其搭配的環境、桌椅等，皆需作整體設計考量，這項工作與以往的差距性極大，不單單只是將圖畫完成而已。

喜歡嘗試新鮮事物的盈帆也將這機會當作跨界的試金石。沒想到這工作遠比想像的困難以及耗時，這應該是每位創作者經常會遇上的狀況，做了之後，便是勇於面對挑戰。

無心插柳柳成蔭 ——
意外的合作

2015 年因緣際會，也不小心當了繪本作家，意外地與同樣身為新手媽媽的陳又凌合作繪本《媽咪怎麼了？》。盈帆自己也不敢相

C：為韓國出版社 Aga World 製作適合幼兒閱讀的繪本封面。

信竟然會為他人「寫文」，完全是無心插柳柳成蔭。也許是創作者的敏感，加上兩位家中都養有寵物，且同樣剛剛有了新生兒成員，在作品中互相嗅到了微妙的信息，一拍即合，故事就這樣躍然紙上。

而現階段正在進行的新挑戰，是與聯經合作的 0 至 5 歲幼兒繪本系列《毛毛123》，目前已經完成 1 歲的部分，《開開》、《來來》、《抱抱》3 本書的設計，就是幼兒一天的生活節奏。

目前的生活已經很接近理想了，沒有太多奢求。「陪先生跟寶寶、做家事、上網、逛書店、看書及電影。寶寶現在還小，希望以後能悠閒一點。雖然生活會不斷地在變動，唯一不變的是喜愛畫畫與創作的熱情。」盈帆更期待能早早安排一年工作與假期，花更多時間在創作作品上，並找到家庭與工作間的平衡。

右圖：上方牆面貼著構想、草圖、試畫圖案與色表；L 型桌面上，一面放著手繪材料，一面是參考資料及電腦，還有咖啡與零食。

1・流理臺旁自己捏的陶鳥、陶盤與盆景。

2・工作室玄關，有乾燥尤加利葉、兔子玩偶與鏡子迎接。

3・洗手間裡的窗邊小花園，是工作室裡最喜歡的角落。

4・搪瓷大方盤作為調色盤，可以調大量顏色。

5・木製大紙櫃，可以放空白紙張。作品書架是展示自己作品的
　　地方，也是靈感的來源。

6・紙櫃裡有很多自製的色彩材質，拿來掃描或剪貼都很好用。

工作桌上的
小宇宙
╳
平常日子

5

6

How to Work?

一個作品的完成流程

其中設計角色與畫風特別需要專業技巧，要花時間思考與試做。所有視覺上的風格都要在這步驟決定，這個過程很有樂趣。

至於寫故事，盈帆還在努力學習當中，因為她的優勢在圖像，因此盡量先寫簡單文句，讓文字補充圖畫不能描述的部分。

以《毛毛123：開開、來來、抱抱》製作過程為例：

FOLLOW ME !

構思故事架構

↓

寫文字稿

↓

設計角色與畫風

↓

畫分頁圖

↓

做草稿樣書

↓

繪製彩稿

↓

彩稿

Step 1 角色設計

Step 2 製作樣書

《小小寶寶》

像個孩子似的創作者陳盈帆，在懷孕與肚中胎兒成長的過程中，
盈帆同時孕育了這本書。

《愛的小旅行》

2011 年，盈帆本書中 **5** 幅圖畫入選波隆那插畫展，過了大約 **4** 年的時間，中間經歷了懷孕生子，她也寫畫了好幾本繪本。就在盈帆吃下感冒藥，朦朦朧朧又輾轉難眠的某夜，這些畫又浮上心頭，而有了關於所經歷的愛的故事。

創作的
果實

簡正鎮

終於可以驕傲地說：

「我是一名金雕工藝師。」

放棄高收入，投入冷門的金屬微雕工藝，從白領到黑手，滑鼠換成刀鎚，終日與「逆境」相處與挑戰。

最欣賞的創作者：駒井音次郎、中川・衛

FB 簡正鎮的金屬微雕

放棄一切，從零開始

因緣際會經由美術設計的朋友認識了製作「金屬微雕」的簡正鎮，當時，我還問：「什麼是『金屬微雕』？」來到他的工作室，發現這項奇妙的藝術工作。一開始，簡正鎮以很淺白的方式跟我解釋：

A

「中央造幣廠、中央印製廠，專司鑄造錢幣、鈔票雕版，就是微雕技術。」他開玩笑說，曾有中央印製廠的人來警告他：「你的技術製作偽幣應該幾可亂真，但是千萬不要誤入歧途。」

從事平面設計 20 年，放下每月 7 至 8 萬元的收入，只是想修好一只手錶，卻無意間一頭栽進了冷門的「金屬微雕」世界。

原本，他業餘參加台北鐘錶工會短期課程，因接觸到收藏機械錶的愛好者，而國外雕刻工藝更令

A：休息的地方、聊天的地方。

他懾服。為了學微雕，2005 年他花了台幣近五十萬元前往美國上認證課程（包括機器設備及旅費），「我的英文很破，只懂得 26 個英文字母和簡單問候語，經費也不多，還是硬著頭皮赴美學習硬金屬課程。」

簡正鎮的朋友都叫他「歪歪」。既是歪歪，就知道不可能安於現況，他放棄一切從零開始，從白領到黑手，滑鼠換成刀鎚，終日與「逆境」相處與挑戰。直到現在，他終於可以驕傲地說：「我是一名金雕工藝師。」

B：簡正鎮生活中最喜歡做的事情就是下廚，可以讓他放鬆，然而共享美食也是一件幸福的事。

來看歪歪的「祕密基地」
——工作空間場景

歪歪的「祕密基地」位於新店山上，裡面沒有「鳳凰號」，只有車床、銑床、鋸床、雕刻設備，外加銑刀、車刀、雕刀，金屬微雕需要好的設備。「歡迎你們來到這裡，看我如何將冰冷的金屬化為有生命的藝術品。」

紀念愛犬點雕作品，為簡正鎮痛失愛犬的心情療傷。

1 · 花鳥蟲魚，微觀生活周遭一切美好的事物，都是創作的靈感來源。

2 · 在這座城市的小山上俯瞰。

3 · 於凱達格蘭文化館外，以一個漢人的視角來雕琢台灣原住民藝術，
　　創作出的作品——福爾摩沙人。

4 · 每天待最久的地方，應該就屬餐桌吧！舉凡開會、待客、用餐，甚
　　至是繪圖，都在餐桌上完成。

5 · 媒體採訪中。

工作桌上的
小宇宙
✕
平常日子

How to Work?

這個世界的可塑性比你想的還要大，而它正等著你去敲打成形。

FOLLOW ME!

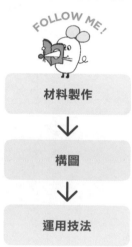

材料製作

↓

構圖

↓

運用技法

以〈紅運當頭〉製作過程為例：

1. **要完成一件作品，往往是從材料的製作開始——鍛造木目金 (Mokume)**

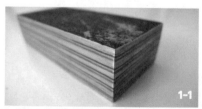

鍛造木目金 (Mokume) 由白銅、磷銅、紅銅、黃銅組合。

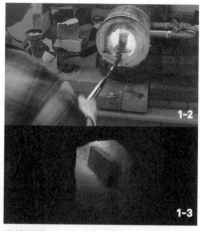

進爐鍛造

鍛造木目金的程序就是熔接、延長、壓扁。

我是打鐵人

木目金紋路是需要設計。

不同的金屬有不同的熔點，將之
接合就會產生美麗的花紋。

2. 構圖

3. 運用技法（最擅長的表現手法）

作品〈紅運當頭〉。（為卡之屋陳登維總經理收藏）

a. 金屬微雕

b. 手工鏤空雕花

c. 鑲嵌：平鑲嵌、高肉鑲嵌

d. 鑲金

創作的
果實

從一支鋼筆開始，除了筆心，車型、鑽孔皆由自己打造。
一只機械錶，除鏡面、錶帶，也是全部以手工慢慢雕出。
學成後便開始積極創作，同時在部落格發表簡正鎮自己
的創作作品，本想累積作品辦個展，孰料立刻吸引少數
收藏者上門，技嘉科技基金會執行長劉明雄、中華賓士
劉姓董事，都是看到部落格中的作品而找上他，便開始
購買他的作品。

歪歪任由雕刻刀在金屬表面恣意地破壞，享受在這粗野
暴力下所創造出的美感，凝視著在斧鑿革命下，令人感
動的裂痕。可惜的是，金屬微雕這項工藝在台灣還未找
到市場的定位與契機，「但我相信這絕對會是下一波被
討論的話題，也必將引領一股工藝風潮。」他自信又樂
觀地說道。

1 · 香盒主題〈紅運當頭〉：牠頭頂紅冠身穿銀袍，以紅銅為帽，
　　白銀為身。

2 · 配件〈香則〉、〈羽掃〉、〈羽掃架〉。

3 · 〈紅運當頭〉品香道具組：當香煙裊裊，當水草如煙，丹頂
　　紅帽金魚優游水中而自得之態，使人心神安定，此作品試
　　圖在虛實之間營造一場嗅覺與視覺的感官饗宴。

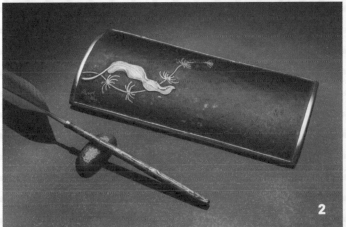

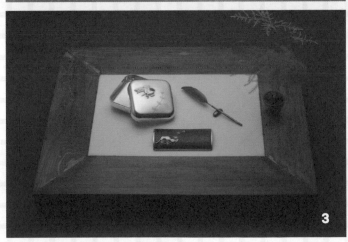

ILLUSTRATOR TABLE

illustrator
09

林柏廷

希望可以
更突破昨日的自己。

以「猴小孩」發展系列繪本,已出版《我愛猴小孩》、《我自己可以》與《地瓜發芽了》3本,《我自己可以》獲第4屆豐子愷兒童圖畫書獎入選。與老婆、兒子和3隻狗住在宜蘭,喝著黑咖啡,用壓克力顏料和蠟筆創作兒童插畫和繪本。

最欣賞的創作者:井上雄彥,柿本幸造和不久將來的自己(真敢説)

FB　林柏廷的插畫繪本

從羨慕他人到實現夢想

林柏廷原本從事出版公司與教科書的美術編輯工作，因經常發稿給插畫家，發現那些插畫家的生活實在令人欣羨，不是經常出門旅行，就是該工作的時候都找不到人，興起他也想朝職業插畫家的路前進。

還在過朝九晚五的生活時，柏廷於工作之餘試接一些插圖工作，以此磨筆同時也嘗試多樣媒材，漸漸的，發現自己接稿似乎越來越順手了，同時為了多陪伴成長

中的兒子，老婆大人也一直希望離開台北，便毅然決然地舉家搬到羅東，開始過著在家工作的專職插畫家。

他原本嚮往的生活，究竟與事實有無差距呢？

身為好爸爸的柏廷，他的一天就是從上午7點送兒子去上學開始。把孩子送走後，就很悠哉地享受生活，吃早餐、看新聞（其實是看球賽），然後收發 email（假裝跟編輯聯繫一下），出門運動1至2小時，覺得半天的體力消耗殆盡

了，就只好補充能量，好好吃頓午飯，然後上網、在沙發上打瞌睡……。看到這裡，真的會讓很多人誤會，也很想當插畫家，嗯！沒錯，根本都還沒動到筆、都還沒開始畫畫。

好吧，插畫家要抗議了，柏廷說：「其實腦袋不停地在運轉，時間對了畫出來的圖就對了（自圓其說），是這樣說的吧！」

因為很早起的關係，所以晚上很少熬夜，除非真的畫不完或急著想看見作品完成，才會卯起來拚命趕工。

認真的積累，功力的展現

喜歡喝黑咖啡和吃蝦味先，擅長用壓克力顏料和蠟筆、電腦繪圖。這幾年已在兒童插畫創作和

A：自畫像。

繪本中展現不少功力。柏廷從出道以來，非常認真積極地在參與比賽，這也是一種督促自己往前的動力和挑戰，很少有人連續獲得第 15、16、17、20 屆信誼幼兒文學獎佳作、第 1、4 屆豐子愷兒童圖畫書獎入選、入選 2014 年新加坡 AFCC 亞洲兒童藝術

節的插畫展示作品、台灣三菱電機形象廣告插畫。

他也一直在挑戰自己的表現手法，最擅長的呈現方式包括壓克力、蠟筆與電腦繪圖。認為自己的作品特色：「貼近真實小孩面貌，不是假裝、也不想說教。」

從擅長的可愛畫風，因而畫了《臺南孔廟好好玩》、《小豬找雨》、《你不知道你很棒嗎？》等書，並以「猴小孩」為系列，將他自身與孩子之間的生活樣貌呈現在此系列中。2016 年還挑戰了馬祖

B

芹壁村落遷徙的《鏡澳芹壁》，以寫實的風格將此村莊歷史的變化做了完整的呈現。

一直嚮往「錢多、事少、離家近」的生活，而目前他說：「因為在家工作，只達成離家近這點啊！」

多重身分，
插畫界的料理型男

為了維持身材與幫助思考，最常跑步健身和騎腳踏車，「離開工作桌就是幫助思考的方式……。」有一陣子，他瘋狂地做日光浴，想曬出一身好顏色，作插畫界的型男。

說到料理，也算是他另一個拿手絕活，許多網友經常看到他在FB上吃吃喝喝，每天都吃很好，他既不否認也不承認。

其實他的廚藝還不錯，經常為兒子與老婆下廚，連從丈母娘家帶回來的剩菜經過他的巧手，也能令人食指大動。雖然他經常說自己只是粗茶淡飯過日子，可是只要一提起「烤肉」，眼睛鐵定發亮，也許是烤肉能聚合許多人，

B：午睡。

一起呼朋引伴吃喝的樂趣使然，讓孤獨的創作者有了與人接觸的一種享受吧。

如何魚與熊掌兼得？

每天待最久的地方是工作桌前，「但其實都在上網……」他自己也不諱言地說。自從 2016 年初

C

搬了新家，終於有了一個屬於自己的窩，將蒐集來的老東西一一擺設，覺得能夠在這些老物件周邊創作，也有了老文青的感覺。

插畫家不用打卡上班，可以自行安排工作時間，雖然愜意，但是看到存款有時也會很心酸，只有在退稅時，才發現收入少的小確幸。

柏廷經常觀察兒子和街上小孩的一舉一動，這是畫兒童繪本獲得靈感很重要的方法：「當我盯著小孩看時，我是在觀察，請不要報警抓我。」當然平常觀看電視

新聞時事不與社會脫節，注意社會脈動，也是很重要的。

隨年紀增長以及責任問題，影響作品最大的因素離不開家庭和生活，身為專職的插畫家，要有好的生活品質，也要追求穩定的生活，同時不失創意，如何魚與熊掌兼得，是挑戰也是責任。他說：「希望未來的作品能以更宏觀的角度呈現。可以更突破昨日的自己，然後存點錢，繼續累積收買老東西，將家裡的布置朝向更精緻的氛圍。」

期待未來看到他更出色的作品，並能繼續吃吃喝喝。

D

C：下廚。　D：藏書豐富的書櫃。

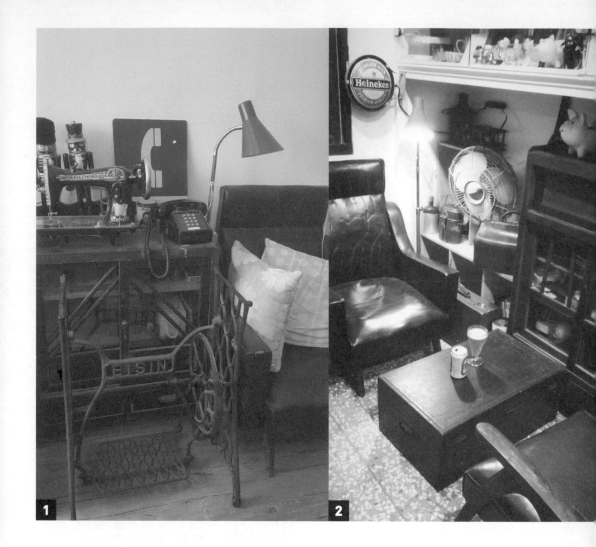

1．喜歡蒐集老東西。
2．老沙發很適合沉思喝杯小酒。
3．工作桌。
4．兒子。
5．彩筆。

工作桌上的
小宇宙
×
平常日子

How to Work?

一個作品的完成流程

FOLLOW ME!

突然有一個想法或畫面，開始構思串連，通常是先把圖全部畫完才開始寫故事（圖像思考），然後給一些朋友或編輯看（很常被打槍），若順利的話經過幾次修改然後再畫一堆草圖，接著上色完稿（短則幾個月，長則數年）。

以《地瓜發芽了》製作過程為例：

構思題材

↓

先畫完圖

↓

寫故事

↓

與他人討論

↓

修改

↓

草圖

↓

完稿

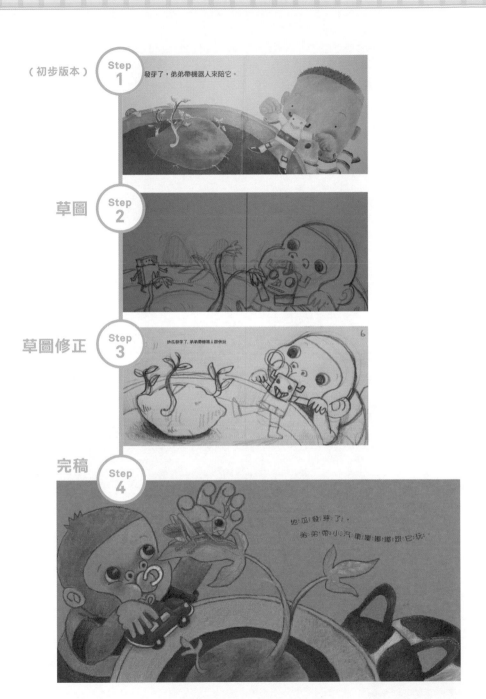

（初步版本）　Step 1

草圖　Step 2

草圖修正　Step 3

完稿　Step 4

《鏡澳芹壁》

故事描述芹壁傳統聚落生活，血緣關係也是聚落形成的重要因素之一，
採分割、增修改建方式延續建築生命，而形成芹壁傳統聚落。
柏廷最初很擔心繪製此書時，和自己以往繪圖風格不太相同，但抱持
著可以親自到馬祖踏查，也挑戰自己不曾畫過的故事型態，於是鼓起
勇氣接下了這本繪本。

民國初年，這兒的漁場漁產豐富，
和福建沿岸通商往來密切，
各家族組成商號船隻，繁華非凡。

初步的草圖對照成書後的完整畫面。

創作的
果實

ILLUSTRATOR TABLE

illustrator
10

陳 怡 今
jinjin · 今今

朝著一切

「簡簡單單」的信念前進。

在正逢過年邁向新一年的時刻出生，於好山好水的南投長大至 18 歲，因求學而開始在不同城市居住與成長，現居於時常下雨的台北，用創作與設計思念故鄉及找尋生命的真理與意義。工作室位於老公寓的 6 樓，一個陽光與微風都很充足的地方。除了畫畫，最喜歡的事情是收納。

出版繪本：《洲美心》、《誰是你的好朋友？》、《洄瀾》、《獸醫黑嚕嚕的醫院》、《好客麗麗》（繪本樂譜專輯），另與作家合作插畫作品數本。出版 ZINE 目前邁向第八號作品《和生命說感謝》，還在持續創作中。

FB 亮今今粉絲團 （@ ijinchen.jinjin）

W http://jinjinchen.format.com/

開啟圖畫書創作之路

繪圖風格充滿童趣的陳怡今，外表清新脫俗，師大設計研究所畢業後，進入童書出版公司磨練一番，然後過著自接稿子的生活，也曾經到設計公司鍛鍊一段時間，現在又回歸到接案生活。

研究所畢業前，因與指導教授多次到洲美國小，興起為該國小師生製作一本書來留念的想法，而繪製了《洲美心》，此書得到聯經出版公司第 1 屆繪本獎入圍，也是怡今踏入繪本的第一本書。

這本書在當時的評審中，引起很大的爭論，她以平面的繪圖模式呈現地圖與社區周邊環境，不理解的人，覺得毫無透視感，但是，孩童卻非常喜歡這類的圖像表現。在學童評比中，這本繪本拿到很高的分數。今今以很單純的線條及詼諧的動作來表現人物和環境氛圍，整體效果非常親民，令人會心一笑。擅長手繪結合電繪，她認為自己的作品「色彩鮮明、富有童趣、可愛親切！」

有了第一本書的出版，以及進入童書出版公司擔任美術編輯的工

作經驗，讓怡今對繪本有更多的思考，對於印刷也有了更多認識。接續又出版了《泅瀾》與《獸醫黑嚕嚕的醫院》等書。

對接案生活的體悟

怡今說：「算是蠻習慣一直都是長時間與自己相處，並獨立工作的狀態。自接工作可以擁有自我獨立思考與沉澱的時間，早已成為生活重要的一部分。我應該算是蠻能享受獨處與寂寞感的人吧。」

怡今確實也道出獨自接案的生活型態。

她說：「最常遇到別人問：『你自己一個人在家都不會無聊嗎？』其實，真正在工作與趕案件時，時間是非常緊迫的，一點也不會無聊！訂好每日的完成目標後，到結案前會一直處於精神緊繃的備戰狀態，用盡全力履行每天希望達到的進度，一分一秒都浪費不得。」

每日的作息非常井然有序，早上

A：前陽台種了許多植栽，為植物寫生是怡今充電的一種方式。

8點半至10點工作開始前的這段時間，會做許多屬於自己想做的事，例如：出門吃早餐、去陽台澆花、打掃空間或洗衣服，也會利用這段時間再把前一天做的稿子再檢查一次。10點一到，才會開手機並全然進入工作狀態。調整和外界聯絡的節奏後，發現因此騰出了一段能做足心理準備的時間。10點至傍晚時段，便是處理各工作的進度，午餐

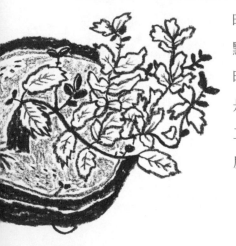

會自己煮個簡單的食物果腹，晚餐就下樓和家人一起吃。

關於每天的工作進度，會在前一晚就寫好在記事本上。隔天就是打開記事本，一一完成事項後打勾，當然，也會有些中途插入且必須立即處理的事情，就隨機應變依時間緊迫性，做先後次序的調換。

怡今很喜歡做家事，無論是拖地、收納、擦擦洗洗……等，任何可以讓空間產生乾淨與整齊的可能之事都很喜歡。有餘力時，怡今

便用空檔的時間畫些沒有壓力而自己想要畫的圖。

這兩年，倒是大幅降低外出應酬與活動的比例，花了更多時間留在家裡和思考當中。有感於生命、時間、空間與金錢的有限下，如何透過調整生活的步調讓自己還能擁有更多的產出，一切都只能靠自己一步一步慢慢來達成。

能幫助自己思考的習慣

「生活裡我大概花費一半的時間在做『收納』。」這也是一種幫助怡今思考的方式。把東西好好地分類，整齊地收納並放在適合使用、拿取的地方。透過每天生活需求及使用心得，會持續且不定時更換收納的方式和傢俱配置，調整空間的呈現，自然而然便能帶給自己各種不同層面的思考力。「為什麼最近覺得這個東西特別需要使用？把櫃子搬到這邊是想裝些什麼東西？這個東西還能用什麼樣的方式收納，讓走路的空間變

B：小雞先生是怡今的精神堡壘，來自高中摯友送的生日禮物。

大？這其中所做的每個移動動作，都和自己與生活息息相關，源源不絕的思考也在其中。」然而，怡今也在努力朝著「一切簡簡單單」的信念前進。

「沒有靈感的時候，我會離開工作桌，去做任何我喜歡的事。」怡今蠻常把東西搬過來又搬過去，不斷檢視各種物品在家中所扮演的角色及可能提供的需求。在反覆且持續進行的整理過程中，會想起許多過去的生活經驗，或剛好翻到哪一本書而有了碰撞，開啟靈感的契機。

創作以外的生活樣貌

假日的時候，怡今最常與她的浣熊先生討論的事是：「今天我們想怎麼布置家裡？今天想回收什麼或打掃什麼？今後我們想以改造家裡哪個部分為目標？」最常做的事是和植物對看、和小雞先生對看，收東收西地收個不停，把東西擺放整齊就有莫名的滿足感。想放鬆時就會躺在地墊上發呆。

和浣熊先生最常在假日出遊的地方有三處：花市、書店、古道具與木平台傢俱店。

花市，在擁有自己的空間後，就扮演了一個與她和浣熊先生形影不離的角色。研究雜誌裡的人都怎麼用植物點綴空間，以及從小看著爸爸整理花園的心情，都帶給怡今許多對於植物的情感與累積。因為換季和氣候變遷，家裡庭院的植栽也會更換並重新孕育了不少種類。觀察植物的成長與變化也讓怡今獲得許多生命的啟發，還為此觀察做了一個 ZINE 的作品《和生命說感謝》，目前專案持續進行著。

前些日子，有位摯友剛結婚，家裡也剛整理好，怡今和浣熊先生討論後，決定將養育了近兩年的落羽松在他生日時贈送給他作為禮物，有種看著自己孩子長大後與生命傳承的心情。

書店，一直都是怡今與浣熊先生定期前往與添購工作所需資料的地方。然而，一進到家裡，首先映入眼簾的就是一整面牆的藏書，怡今會用紙膠帶標籤做為歸類的標示，貼在書架上方。藏書分為幾類：雜

誌（比例最多）、文學類、工具類、收藏類、旅遊類、繪本類、空間布置類、作品集類、設計類……還在持續增加中。

「我們來進化空間吧！」

古道具與木平台傢俱店，也是兩人假日時常拜訪的地方。老東西身上的紋理留下來的時間軌跡，有種特別的意義和味道。目前家中的傢俱，許多都來自於日本與丹麥的二手傢俱。木頭顏色有很多種階調，不同階調的組合會呈現不同的空間風格。整理布置時，花了許多時間畫設計圖、看書及蒐集資料，好幾個月的假日都在逛傢俱店，不斷比較和找尋理想的傢俱，將喜歡的傢俱放在空間中還能統合調性，是個有趣的挑戰，目前還持續在組織她與浣熊先生的空間。他們稱之為：「進化。」

隨著生命歷程
而改變的創作狀態

「生活經驗、家庭教育、朋友情感、喜好蒐集、環境安全感、專屬自己的時間與空間。」都是影

響怡今作品的因素。完成每個作品都是用盡生命的力量，難以偏心地說比較喜歡誰。如果真要說有點不同，應該是隨著歲數的增加，在求學與求職身分轉換間，對作品詮釋的心境吧。

在繪製《洲美心》時正處於唸研究所的時期，也是當時的畢業作品。那時為了繪製此書，換了研究主題，然後又多花了一年的時間做田野調查，在社區裡徒步超過 30 次之多，繪製出當時的社區地圖及各內頁的社區角落。現在的洲美社區已成為了科學園區的改建，書裡出現的場景與小學都已消失了。「當時想完成一個作品的心情和衝勁，我覺得是難以被取代的，也是當時還是全然學生的身分時而有的感受。」

怡今最近想要練習用蠟筆畫畫的手感，以及找尋自己怎麼畫才是最快樂的方式。希望未來可以繼續過著簡單且精簡的生活，並對一切懷抱珍惜與感恩的心。

1 · 假日與浣熊先生最常做的事，是討論居家布置。每個階段對家庭的想法、用品拿取的需求，都會注入在布置的點子中，而且沒有終點的一天。

2 · 工作桌旁的移動式推車，上面放滿了工具，工作完成後都會收納於此。

3 · 一進門整面牆的書櫃，各式各樣的藏書是靈感來源之一。

4 · 工作桌上一定會有的東西是：鉛筆堆、公仔玩具、幾本正在看的書。

5 · 邊櫃抽屜裡，放了各式各樣的補充筆記本。

6 · 房間裡的紙櫃區域，裡面有許多過往作品原稿的整理與分類。

7 · 處於畫畫狀態的工作桌，直到畫完前都不能收！否則畫畫的感覺會跑掉。

工作桌上的
小宇宙
×
平常日子

How to Work?

一個作品的完成流程

完成一個作品，花最多時間的部分是「前製作業」，再來是「溝通」。前置作業如果做得越細，分類得更準確，對後續工作進行的速度有著非常直接的影響。

比起完稿的速度，反而在突破每次構圖的詮釋方式會更為費時。有時撞牆期會延續得很長，甚至睡覺和走路時都會一直重複思考與搜集資料，和自己不斷地做腦力激盪，直到出現滿意的結果為止。

以《洲美心》製作過程為例：

FOLLOW ME!

構思故事架構

↓

田野調查

↓

資料彙整分析

↓

風格定位測試

↓

草圖繪製

↓

調修討論

↓

完稿繪製

《HaKKa LELE·好客麗麗》

烏克麗麗兒童繪本專輯（樂譜 +CD）
作者、發行人 / 劉榮昌

好客麗麗 = 母語創作歌謠 + 烏克麗麗伴奏樂譜

10 首歌 X 10 首譜 X 10 張歡樂插圖
帶動你的全身與視覺一起來彈琴唱歌又跳舞！

創作的
果實

ILLUSTRATOR TABLE

illustrator
11

江長芳

「胡思亂想與壓力」

有時也會成為刺激工作的動力。

旅英插畫家，也是擁有國際 CELTA 資格的英語教師。後來有幸到英國去念插畫碩士。結果證明她不但成功打入英國的插畫市場，也在倫敦的語言學校教英文。1998 年從《聯合報》繽紛版發跡、2002 年插畫作品印製於台北捷運儲值票上，同年開始與台灣各出版社、雜誌社合作，一直到進軍國際，與英、美、澳、加、愛爾蘭、巴基斯坦等國出版社合作。

最欣賞的創作者：尚 - 賈克・桑貝（Jean-Jacques Sempé）、伊藤潤二、Jeremy Clarkson
到目前為止最喜歡的作品：尚 - 賈克・桑貝（Jean-Jacques Sempé）的作品

FB 江長芳
W http://www.shirleysillustrations.com/

天生的畫者，後天的努力

愛畫畫是江長芳最自豪的事，而且動作迅速。聽她的媽媽說，長芳一會拿筆就在畫圖了，無處不畫。幼兒時期，只要塞給她一支筆跟幾張紙，就可以讓她在角落一個人念念有詞地畫上老半天，非常省事。

長芳是從 1997 年開始投稿，1998 年從《台灣日報》、《聯合報》繽紛版發跡，進而跟聯經出版合作，學了很多，獲得很大的啟蒙。她說：「各位看倌，這可是事實陳述，我到現在還是心存感激！」

同時，她也積極將自己介紹給各大出版社跟報社，開始了插畫接案生涯，並在電子公司上班當業務助理，學習基本技能，她認為：「這些技能在日後證明非常有用。」

出國開眼界，有備無患

1999 年到英國念插畫，不但開了眼界，吸收了不一樣的天地正氣，也開始耕耘國際插畫市場。到目

前為止已經累積了不少實戰經驗，合作的出版社與客戶分布台灣、歐洲、美洲、澳洲與南亞。

長芳除了是一位能見度很高的插畫家，她同時也認為若能有另一個技能，無插畫案子時也不會餓死，因此她也教英文，在英國時，拿了在世界各地都能教英文的英國劍橋 CELTA 證書，擁有兩項技能的好處就是餓不死，她說：「雖然也不會變得很有錢！」但有備無患的個性，在插畫圈似乎很少見。

人如其畫，畫如其人

長芳的插畫特色很鮮明，辨識度很強，能讓人一眼就看出是她的作品。「很多人說我的插畫風格與我的人格特質對等：流暢、不受拘束，帶著一絲幽默。」作品風格詼諧，喜用活躍的線條及水彩表現，尤其喜歡在細節處暗藏驚喜，讓讀者有一種尋寶的樂趣。

A

A：長芳的自畫像。

到目前為止，她畫過很多不同題材的案子，有報紙插圖、雜誌插圖、兒童故事書、繪本、英文讀本、翻譯文學、翻譯兒童文學、現代文學、心靈勵志書籍、藝術文學、語言學習課本、英國官方中文學習課本、卡片、網站、遊戲、玩具、玻璃櫥窗、宗教故事、月曆，甚至是性愛教學書等。

她個人最喜歡詮釋翻譯文學、翻譯兒童文學以及繪本，因為這三者最有挑戰性，完成這些題材的詮釋也會讓她很有成就感。

近期，手邊案子很多，要完成的目標與工作都在眼前，但是長期目標是寫一本自己的繪本。（不知道生不生得出來啊！）

工作桌與生活，按表操課

長芳認為自己很幸運，有個舒適的工作室，還有一張非常厲害的繪圖椅（200％符合人體工學，保證畫圖不會斷脖子）。每天待最久的地方是工作室，最常用的繪圖工具就是筆，因為她的作品幾乎都是手繪。

早上起來吃完早餐就上樓報到。趕圖，一定是在工作室；上網也是在工作室；看稿子、看影集、看喜歡的節目、聽英國電台、跟家人聊天、跟朋友 Skype 等，通都在工作室，所以有個舒適的工作室，真的非常重要。

長芳的生活型態很正常，作息時間很規律，但也因為如此，在插畫界算是異類，跟一般認為「畫圖的、搞藝術的都是夜貓子」完全不同。她比較像朝九晚五的上班族，只是飯後休息時間比較長。很少有創作者像她那麼規律地過日子，而且非常理性，凡事寫進行事曆，按表操課。除了畫圖，還教英文，另外固定每週至少 3 小時練習泰拳。

B：趕圖的時候。

練泰拳是她這幾年很重要的動態運動，她認為長時間坐在畫桌前畫圖很不健康，所以運動也要排進行事曆，而且打泰拳可以健身、放鬆，保持體態還有青春。

另外，她每週接了 10 小時的英文教學，但是她的底線還是不熬夜，午夜前就寢。

除此之外，畫圖、亂晃、亂看東亂看西、聊天與上網，就是幫助她思考以及尋找靈感的來源。

週末放風約會也是重要行程之一，但必要時，例如有急迫的稿件還是要畫圖。「胡思亂想與壓力」有時候也會成為她工作的動力，但是無論生活再怎麼緊湊，她認為每年固定出國 3 至 4 週，那是自我沉澱、開眼界的好機會。

一位喜歡開超跑的女插畫家，生活與工作平衡的創作者，你只能興嘆：「帥！」

C

C：畫出自己很輕鬆的樣貌。

How to Work?

一個作品的完成流程

以與花蓮縣政府文化局、聯經合作的花蓮在地繪本《我的大陳朋友》製作過程為例：

1· 先前往花蓮就地了解該眷村的歷史背景以及景觀。

2· 在當地閉關一天，將繪本的草圖全畫出來。

3· 回到家後再從網路上找影像資料，以及當時戰爭逃難的照片（確認人物的衣著用品，以及當時背景建築等等）。

4· 等比放大裁切水彩紙，畫鉛筆草圖。

5· 完成後給編輯看，做必要的修改。

6· 等相關人士「蓋章」確認後，就可以上色了，再一張一張的上黑線，擦掉鉛筆線後再一張一張修飾，最後再上水彩。

FOLLOW ME!

田野調查

↓

初步草圖

↓

資料搜尋

↓

等比草圖

↓

討論修改

↓

完稿上色

1.長芳的上色工具。

2.長芳的畫筆們。

3.長芳在畫《我的大陳朋友》探勘時，所拍下的風景。

4.長芳的工作桌。

工作桌上的
小宇宙
✕
平常日子

有一陣子，阿友的孃孃看起來總是
心事重重。
那天，我看到阿友家準備了豪華
的庫屋和各式各樣的供品，孃孃則
神采奕奕的招呼著為她辦理「燒
庫屋」的師父。
全村的人幾乎都來幫忙，
大家就像在辦喜事一般，
熱鬧的吆喝著。

《我的大陳朋友》

有一棵老樹，在大陳新村生活了許久，
他看著好朋友阿友隨家人從大陳島搬遷至
此，一家人在此落地生根，老樹帶著我們
認識他的大陳朋友。

創作的
果實

ILLUSTRATOR TABLE

鄭潔文

堅定地走在自己所選的人生道路，

勇敢地實踐著。

出版作品：《詩精靈的化妝舞會》、《靈鳥米利》、《燭火小精靈》、《黑毛豬的愛心麵店》、《童話村的魔法紅茶》、《不說成語王國》、《成語運動會之生肖成語來報到》、《諺語運動會之超級數一數》、《看見》。曾以「童心城鎮」系列插畫，入選高雄市文化局人才駐市回流計畫。

最欣賞的創作者：林明子、宮崎駿、久石讓

FB 罐頭裡的藝想

居住在南台灣高雄的潔文，創作時喜歡和故事裡的角色嘀嘀咕咕，是一位腦袋裡裝著五顏六色的插畫家。常以水彩、粉彩、色鉛筆等混合媒材來繪畫，對於水彩、粉彩的堆疊特別厲害、特別擅長。喜歡柔和的氛圍和溫度，作品予人溫暖和幸福的感受。

以五感記錄生活

不做插圖創作之餘，喜愛拿著相機到處走，經常帶著一顆放空的腦袋四處旅行，對童話色彩濃厚的國家和節慶特別感興趣。無論是插圖或攝影，用自己的五感，記錄小事物，然後再細細去思考感受這些小物件的故事，抓取獨特的氛圍和場景。

潔文本身也是一名動畫控，曾經一起到東京參訪時，同行者都能感受到潔文馬上從一位長腿辣妹插畫家變成追星族，眼神裡閃耀著盡是崇拜的光亮。

與角色相處，與同好交流

工作是畫圖，興趣也是畫圖，空閒時刻會思索自己的創作要如何

呈現。因為對於作品十分用心，會花費較多時間去著墨角色的個性，設計造形，期望讓插圖裡所呈現的角色有各自的性格，並能發揮其獨特的模樣，使角色的生命力能躍然紙上。因此，接到插畫稿時，一般都花許多心力在此，潔文也認為要把故事畫好，一定要和角色們非常地熟悉，感受故事背後的溫度，藉由角色的特性去烘托故事的效果與力度。

平常工作時，也會花時間在閱讀上，最珍惜可以與同好見面交流的機會。「可以收納意見，排除自己的創作盲點。」而音樂是繪圖時非常重要的必需品，通常戴著耳機，創作時只有圖和音樂，沒有其他，尤其偏好宮崎駿動畫的配樂。自然則讓她感受其浩大而對比出自我的渺小，也藉此重新省思自己的創作，是否可以如小小螢光般，帶來正面的思維及感動的力量。

A

A：毛孩子兔寶。

凡事不需有過多的計畫！

「放空旅行，不特意一定要想出什麼東西，反而會不經意在生活中跑出創作故事的靈感。」相反地，太特意去想、去做，則是會做不好。有趣的是，她剛剛生了小寶貝，比原先預產期提早了一個月，真是應驗了「凡事不需有過多計畫！」的感悟。

潔文約七、八歲時，第一次閱讀的兩本繪本，是林明子和五味太郎的作品，她說：「那時嘴角上揚的弧度與模樣在腦中依舊清晰。」

她常常以此鼓勵自己：「如果自己的創作可以給予一個孩子的童年（甚至是成年人），這樣的美好，即使只有一點點，那也就足夠了，因為影響是一輩子的。」

身為一個插畫家，她認為我們無法選擇自己出生的環境，但可以選擇自己要走的路。「我執著於自己所選的人生道路，並勇敢地實踐著。」

生活的小事，
是啟動創作的引擎

療癒的小物常是潔文在旅行中的

發現，它們可能出現在不起眼的角落或眾玩具堆中，也更可能是帶點殘缺的樣貌，潔文自己說：「我似乎可以感受到它們的語彙、想說的話。能在旅行中傾聽這個世界，每每都讓我感動不已。」

日常的生活很簡單，畫圖、餵養動物、音樂加上閱讀和旅遊。最常停留的地方，還是每天待到 8 小時以上的工作室，生活作息正常，戲稱自己和上班族沒兩樣，早上 9 點上工到下午 5 點半，中午放飯，無周休。而工作時一定要有音樂，塞住耳朵，絕對安靜。其餘則是和貓貓、狗狗、兔兔相

處。潔文說：「我家是動物園，動物口數比人口數還多。」

潔文的角色除了是「賢妻」之外，最近又升格當媽媽了，一邊還要照顧家中幾隻尊榮的寵物，生活也算忙碌。

潔文喜歡收藏、研讀繪本，繪本對她來說是最單純美麗的藝術品，是創作者人生經歷與能量的累積。她常常在繪本裡能找到最簡單，卻也最常讓人們遺忘的純真，這也是一個幫助自己創作重要的激發。

1.工作桌。

2.旅行中巧遇的角色。

3.最常停留的工作室。

工作桌上的
小宇宙
╳
平常日子

4 · 最喜歡做的事情是餵養毛孩子——草稿堆上的貓。

5、6 · 療癒小物，旅日中巧遇的角色。

7 · 毛孩子是甜蜜的負擔。

8 · 常用畫材是粉彩條。

9 · 粉彩筆與色鉛筆依色系分類。

How <small>to</small> Work?

一個作品的完成流程

FOLLOW ME !

角色個性塑造

⬇

繪製等比例草圖

⬇

彩圖完稿

角色設計

Step 1

這是一個反覆練習並與主角混熟的階段。

草圖

Step 2

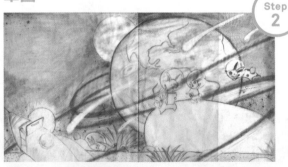

加入場景繪製等比例草圖。

完稿

★
以單一主角
為例

3-1

3-2

3-1‧先以水彩打底。

3-2‧加上粉彩色鉛筆描繪細部。

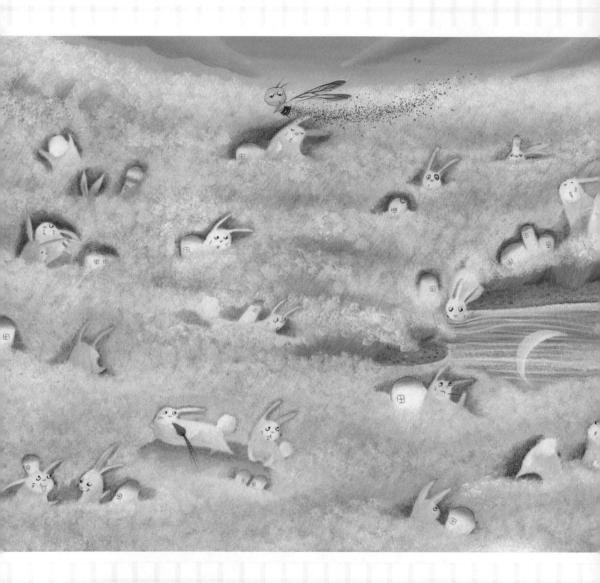

〈只有白色的房子，白色的家〉

潔文近期在繪製的作品。

上：〈躲藏〉。
下：〈樹屋〉（單張創作）。

創作的
果實

ILLUSTRATOR TABLE

illustrator
13

陳孝貞

想一直畫圖，
畫到很老很老，很久很久。

在插畫的領域「打滾」了 10 年，期待未來有更多的 10 年畫更多繪本，更期待創作自己的作品。已出版作品《造夢築屋的建築師》。

最欣賞的創作者是英國作家艾倫・艾伯瑞（Allan Ahlberg）和插畫家布魯斯・印曼（Bruce Ingman）的創作組合以及法國插畫家安德魯・德翰（Andre Dahan），「身為粉絲，我曾經瘋狂地寫過電子郵件給他，沒想到竟然收到回信（我深信是他本人回的）。」

FB ChenChen 愛發呆＿陳孝貞插畫設計

現居住於彰化小鎮，每天窩在家裡畫畫，時不時想出國旅行，坐飛機會像個去遠足的孩子一樣興奮。因為屬馬，所以媽媽都形容是匹跑來跑去的野馬，但事實上大部分的時間是一個宅女！

畫圖的夢想

每天開心畫圖的陳孝貞，小時候夢想是當個優雅的鋼琴家，六年級時，鋼琴老師用一句話驚醒夢中人。那時候老師說：「孝貞，你有要考音樂班嗎？如果要考，要很用功，不然考不上喔！」孝貞突然意識到對學琴的熱情似乎不是那麼高。14 歲那年，意外地在美術課堂上被美術老師的作品感動，於是，「一直畫畫」就成了新的夢想。

孝貞說：「想一直畫圖，畫到很老很老，很久很久。」

她形容自己「很宅」，出門是因為有教學的工作要做，其他的時間都是在家工作。不工作的時候，最大的興趣就是玩烘焙、做手工藝，宅在家也超忙。雖然宅，但也很喜歡旅行，家人是她主要的

旅伴，會盡量保持一年有１至２次的國外旅行，「旅行對創作者來說，是很棒的充電方式。」

到英國留學時，認識許多好朋友，這些來自不同國家的朋友，在各自的領域中努力，偶爾聯繫，都是很棒的助力。

日常小事與陪伴

孝貞的作息非常自由自在，週間會正常一點，例如早點睡，週末則有點過分，經常拖到兩點才上床睡覺。「雖然感受到年紀漸長

後所帶來的生理壓力，但慢慢安靜下來的深夜還是不斷地誘惑著我晚睡。」

發呆是孝貞最喜歡、也最常做的事情之一；發呆的時候，最喜歡盯著某個東西看，然後開始想像

A：適合發呆的角落。

這個東西可以變成什麼？例如：牆壁的水漬、地上乾掉的口香糖、前面車子的後車燈⋯⋯如此毫無意義卻又可以盡情想像。

最常做的事之二是聽廣播，「聽起來很老派吧！」從念高中的時候開始，廣播陪伴了每個熬夜做功課的日子，這個習慣一直持續到現在，雖然有時候會聽音樂，但最喜歡的還是廣播。「我常想，是不是一個人工作太孤單，所以要有人聲來當背景。」孝貞自我解嘲。

創作時的模樣

創作的人，面對自己的時間是比什麼都長，「自言自語是自我療癒的方式，而且很管用，我任何時候都可以自言自語，如果這時有人在我旁邊，應該會覺得我是個怪人。」喜歡睡前閉上眼睛想點子，這時候會浮現很多想法，孝貞會趕緊拿起手機把想法錄下來，回頭再聽時，可以順便檢視其中的可行度。

對於目前的生活型態，各方面都算知足也還不錯，「如果可以，

當然還是希望收入翻倍，能夠有更多時間安心創作。」孝貞倒也說出大部分創作者的心聲。

可能是合作廠商的關係，作品大多是針對學齡兒童，多以「可愛」風呈現。

這幾年很喜歡用拼貼的方式來完成作品，剪剪貼貼的過程有時候會有意想不到的發展和想法，做色紙時也可以練習混合媒材的使用。

孝貞的作品裡，有很大成分是需要用到電腦繪圖，以前最常用

Painter，但現在用 Photoshop 比較順手，也會有混合使用的時候。「其實截至目前為止，我也還在尋找最適合自己的方式。在找到之前，蠻喜歡隨著工作內容的不同而改變風格或者使用的媒材，算是對自我的挑戰。」

B：嘗試不同媒材。

堅持下去的動力

前年和朋友辦完展覽後，發現保持辦展覽的習慣是很放鬆的一件事，展覽的作品跟工作沒有任何關聯，只做自己想做的，不用在乎會不會賣、賣得好不好。可能是因為用「玩」的心態去創作，現在回頭看那些放在家裡的作品，還是覺得很開心，甚至會有想繼續走下去的念頭。

在面對合作案時，影響作品最大的因素應該是對文字的情感連結，例如：如果讀到很有趣的文字時，腦中會快速地產生畫面，創作的過程也會變得很愉快。如果沒有太多感覺，就只能一直抓頭傷腦筋了。

希望可以把寫好的故事畫出來，並且用動畫的方式來拍繪本，目前的計畫就是把它化為實際行動。

C

C：為書中角色所做的布偶。右圖：工作桌。

工作桌上的
小宇宙
×
平常日子

1 · 畫筆與顏料。

2 · 最愛烘焙。

3、4 · 自製療癒小物。

5 · 畫作。

6 · 顏料盒。

7 · 很多筆排起來令人感到放鬆。

5

6

7

How to Work?

一個作品的完成流程

通常收到文字的第一時間，會迅速地看過文字（故事），有了對文字的基礎概念之後，習慣把文字列印下來。接著會在紙本文字上做筆記，把有疑問的地方或者需要跟編輯再確認的地方，亦或需要多注意的地方圈起來。

以繪本為例，第二個步驟就是角色的設定，然後畫粗略的分鏡圖來確認畫面的編排、走向和流暢度。

接著再繪製較為精確的草圖，草圖確認後掃描進電腦，並且再次編排分鏡圖，確認完成，才會進行到彩圖的繪製。

用文字形容還滿容易的，但往往會在其中一個步驟卡關，有點像是跳恰恰，只能不斷地練習。

FOLLOW ME !

閱讀文稿

↓

與編輯討論、設定角色

↓

粗略分鏡

↓

精確草圖

↓

再次編排分鏡圖

↓

彩圖繪製

草稿 Step 1

精確草圖 Step 2

彩圖繪製 完成 Step 3

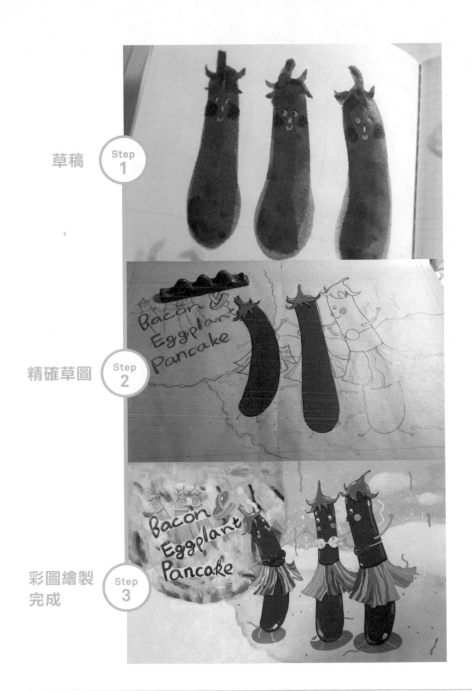

Yummy 展

左上：嘗試把台灣人常喝的飲料以抽象的方式表達，製造出「食物山水」的意象。

左下：同為 Yummy 展，但因在不同城市展出，所以刻意準備了不同的展品，風格也相差十
　　　萬八千里。孝貞對小豬一直情有獨鍾，兩隻可愛的小豬情侶一起分享美食，感受美味。

右上：這是為展覽準備的一個團體創作。每位展出者負責兩張插畫食譜，因為孝貞很喜歡
　　　吃蛋，所以就選了滷蛋。泡湯的蛋最後成了滷蛋！想把食譜設計得搞笑一點。
右下：一開始只是在筆記本上用水彩畫了 **3** 根有表情的茄子，剛好需要另一個食譜，所以
　　　就用剪貼的方式剪了茄子的形狀，一片一片的培根剛好可以當裙子。

ILLUSTRATOR TABLE

illustrator
14

信子

—

每天畫喜歡的繪本，
已經是最棒的生活。

1987 年出生於台灣，平常喜歡宅在家閱讀、打電動、發呆。從事過平面設計與益智玩具開發工作。從小就喜歡繪本、漫畫以及研發遊戲。
目前出版：遊戲書《小兔子的奇怪森林迷宮》、《奇怪阿嬤》系列集《小兔子的奇怪阿嬤》、《奇怪阿嬤的奇怪馬戲團》，作品均售出新加坡、馬來西亞等國際版權。

最欣賞的創作者：安徒生、草間彌生、李健、劉旭恭
到目前為止最喜歡的作品：安徒生的童話《母親的故事》、繪本《松鼠先生和月亮》、繪本《久兒之星》

FB 信子（@ Yesbuko）
W 哈囉奇怪書店：www.facebook.com/ZineZineBook

與信子初次接觸時，差點被他的無厘頭給打敗，經他在劉旭恭老師的繪本創作班的前輩介紹，信子因而前來投稿，在電話中已經糾正過他，我不是總編輯，哪知他到辦公室拜訪時，依然宣稱要找總編輯，當時的總編輯出現在他面前表示並沒有此行程之約時，他還跟對方說：「我是找女

A

的總編輯。」依此可見，信子幾乎活在自己的思維和堅持中，與一般正常人確實有很大差異。

角色多樣，
初衷始終如一

信子到底是繪本作家、漫畫家、創作者，還是發明家？他是目前國內少數能夠獨立寫故事、畫圖、企劃完成長篇故事的創作者，《奇怪阿嬤》系列是以小兔子想養一個奇怪阿嬤，所展開的奇怪故事集。圖畫裡出現許多可愛角色，相互交集，不斷發生各種好笑的

事情，故事經常會令人猜想不到後面的劇情，高潮迭起的趣味，還有非常無厘頭、搞笑、溫馨的多元素結合。

1987 年出生於台灣，畢業於復興商工廣告設計科。平常喜歡宅在家閱讀、打電動、發呆，偶爾創作獨立出版小書，還在網路上開了一間「哈囉奇怪書店」。2011年參加「國父紀念館劉旭恭繪本班」後開始創作。作品曾榮獲2013 年好書大家讀最佳少年兒童讀物獎。

怪怪出版品
是創意與努力的呈現

他在 2016 年年初更出版一本「很怪的」出版品——《小兔了的奇怪森林迷宮》。

這是信子嘗試用圖畫故事以外的創作表現，挑戰出版新的可能性，取材自《小兔子的奇怪阿嬤》中所延伸發想的遊戲書。從企劃、遊戲設計、圖畫、美編一手包辦。這本迷宮遊戲書，用《奇怪阿嬤》故事結合遊戲並設計成迷宮地圖。信子極具巧思的構想，打破

A：《小兔子的奇怪阿嬤》與《奇怪阿嬤的奇怪馬戲團》兩書封面。

以往迷宮只能玩過一次就結束的無趣，讓原本看似簡單的迷宮書，在跟著小兔子走迷宮時，透過不斷將書翻摺、攤開、改變翻頁的順序與開口方向，迷宮的路線就會跟著千變萬化。還能將整本書32頁的頁面，展開成超大地圖。除了迷宮書以外，更延伸設計成

遊戲卡、拼圖、創意塗色書、迷宮野餐墊。多樣又豐富的創作結合，讓每個讀者可以一邊閱讀一邊玩樂。

簡單的生活，
是創作的宇宙

早上 10 點至 12 點，清貓砂、洗澡、處理雜事和上網。

中午 12 點至下午 6 點，創作繪本、吃吃喝喝、打掃工作室，偶爾畫插畫稿或設計稿。

晚上 7 點至凌晨 2 點，準備開課內容、資料蒐集、東想西想各種

B

繪本企劃、打電動或看書。

他對自己的形容：「生活原則盡量簡單，不太喜歡參加聚會，除非安排演講，平常較少外出活動。喜歡懶懶地窩在工作室各個地方，然後放空讓腦袋去發想各種奇怪想法，空閒時間會和貓咪玩、上網看日劇、打電動和看書，另外遇到煩惱的事情，就會拚命地大掃除。」

雖然本性真的很宅，但是做起事情來卻非常地認真負責，因此在劉旭恭繪本班裡，成為一直「無法卸任」的班長。有一次，信子與十幾位創作者到馬祖旅行，途中經常看到他很認真地發呆，偶爾他也會突然一本正經的與人聊有關創作的事情，會在隨身攜帶的小筆記本上，非常勤快地做筆記。

「創作一本書時，會配合當下的想法和接觸到的事物來調整作品。有時候會請朋友聽我說作品構想，再交換想法和意見；有時候會和編輯共同討論製作的方向；有時候也會先和內心對話，了解自己想要創作什麼樣的一本書。」

B：信子家的貓咪哈囉。

因為擁有一間屬於自己的工作室，在居家生活中，有空就會打掃和整理桌面，打掃後的心情會比較平靜。在工作室中，他收藏許多圖書，到日本東京遊歷時，幾乎將所有積蓄都用來買書，對於這部分的投資，他是非常捨得的。

信子有好多筆記本，這些都是他創作的寶藏和啟發，有的會隨身攜帶，隨時記錄；他會擅用各種小畫本，分別寫上各種不同的課程、展覽和出版點子。有時候工作太多，腦袋快爆炸了，會挑選

幾天拚命打電動排解壓力。如果繪本草圖已經完成，最後重讀還是不滿意，會選擇全部重畫。

有幾次，因看到信子過於執著，作品一直無法產出，擔心他餓肚子，但他依然沉浸於工作中，寧願簡單果腹也不想花時間出門與編輯或朋友聚會。

整理書桌、吃東西能幫助信子思考；而在大吃特吃、睡覺、聽別人講話、發想故事和蒐集資料的時候，是最常獲得靈感的方法。

創作的嘗試、探索與實踐

信子大多使用水彩、鉛筆、廣告
顏料、墨汁等媒材進行創作,會
將作品分成獨立出版和出版社出
版。

獨立出版的作品會從點子本裡,
找出最近想畫的題材,並抱著測
試和玩的心情來創作,很隨興地
想到什麼就畫什麼,每一本完成
後,都會送少量印刷成小書,最
後將作品包裝好,送到獨立出版
書店寄賣。完成的作品,大多不
是很精緻,較重於實驗性和自我

娛樂,也是讓自己體驗每一本從
創作到出版的過程,是最直接也
最適切的方式。

在出版社出版的繪本作品都是以
故事和圖畫的創作為主。有時候
會身兼作品的書籍設計和編修。
在製作繪本時,會先製作企劃書

C:點子筆記本。

與出版社討論，通常 1 年左右才能完成一本書，希望盡量做到令自己滿意為止。關於故事的發想與內容呈現，有別於以往著重教育性的故事，比較喜歡嘗試寫無厘頭、搞笑、奇怪的內容。在創作形式上，除了繪本以外，也試著將繪本與遊戲做結合，像是製作成繪本遊戲書、遊戲卡、故事桌遊，延伸成遊戲課程，各種繪本的可能性都希望能一試再試。

「每天能畫喜歡的繪本，已經是最棒的生活。希望一年能出版一本書，嘗試製作不同主題的繪本與延伸成遊戲書的結合，也希望透過獨立出版，來玩出繪本的不同創作形式的可能性。並構想各種奇怪繪本企劃，希望和更多不同領域的人一起合作。」信子對自己設下了這樣的目標與期望。

D

D：信子最喜歡做的事，和貓咪玩。　右圖：繪製《小兔子的奇怪森林迷宮》時的工作桌面。

工作桌上的
小宇宙
╳
平常日子

1·創作《奇怪阿嬤的奇怪馬戲團》時的桌面狀態。

2·每天待最久的地方，工作室小房間。

3·常用的器材是德國達芬扁平尼龍毛筆。

4·《小兔子的奇怪森林迷宮》創作桌面。

5·最喜歡的景緻：工作室。

6·常用的媒材：已調色的廣告顏料盤。

How to Work?

一個作品的完成流程

撰寫故事大綱

↓

企劃構想

↓

草圖繪製

↓

故事分享

↓

燈箱描線

↓

彩圖上色

↓

打樣校對

↓

出版完成

以《小兔子的奇怪阿嬤》
製作過程為例：

Step 1

Step 2

上市

Step 3

Step 7

Step 4

Step 6

Step 5

完稿

小兔子越說越高興，
小猴子和小狐狸就在討論
偷吃了許多巧克力球，
連所以七也起偷遍最品和棒棒。
而且還行起要明天早餐。

創作的
果實

下：《小兔子的奇怪森林迷宮》
繪本遊戲書

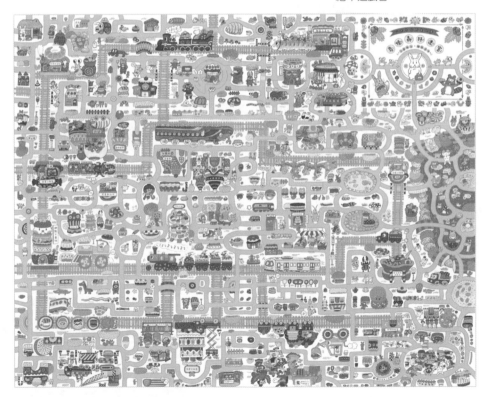

ILLUSTRATOR TABLE

illustrator
15

曹 益 欣
（曹半半）

點子

往往來自生活或童年回憶。

本名曹益欣，也有人叫她曹半半。畢業於高雄師範大學美術系，畢業後做過很多
種工作，但總離不開書本、閱讀和小朋友。目前著迷於用插畫、繪本和紙芝居等
圖像媒介來說故事。出版的繪本作品有：《爸爸山》、《請來我家吃蛋糕》、《小
怪物來了》、《森林裡的新娘》、《誰能幫我追氣球》。

最喜歡的創作者：阿諾・羅比兒（Arnold Lobel）、劉旭恭、童嘉

FB 半半塗鴉拌一拌

在堅實大山的守護下成長

認識曹益欣的人大多叫她曹半半。她有個厲害的老爸——曹俊彥，對別人而言是一座難以攀登的高山，對半半來說，從小就在這座山的呵護下快樂地成長，她說：「因為老爸的關係，我有好多圖畫書可以看！」半半還有個也很厲害的哥哥曹泰容，一家3人都從事繪圖與美術教學的工作，自己走自己的風格，互不干擾。

一開始，我擔心只做半半的部分會不會對曹俊彥老師不好意思，後來確實是多慮了。公開半半的工作桌與生活，其實也就等同公開了曹俊彥老師全家的生活。

半半總是愛開玩笑說：「我通勤只要 **15** 秒，因為從床鋪到我工作的地方，只要走 **5** 步就到了。我工作的地方，目前是我們家的餐桌。」

曹老爸

A

B

曹半半

和孩子、朋友相處，
迸發創作靈感

半半有一部分的時間會到毛毛蟲
或兒童文學學會幫忙，與孩子相
處多了，觀察他們的動作與行為，
對半半在創作上也有很大的幫助。

個性偏中性的半半，喜歡球類運
動，看球賽是她很大的消遣，其
次就是與朋友聚會，從友誼中也
獲得許多珍貴的點子，例如：《請
來我家吃蛋糕》就是與好朋友們
一起過生日得到的啟發。這幾年
很努力接稿子，在原創發展上也
越來越順利。她希望哪一天別人
會說：「她是曹益欣的老爸！」
希望老爸能以她為榮。

A：曹老爸，在半半吃早餐之前早就不知道做了多少事情了。
B：當日報紙也是早餐的一部分。嘴巴在吃，眼睛和腦袋也要吃。

創作者的一日之計

A：曹老媽，讓半半無後顧之憂的最強後盾。

B：鉛筆袋是我的百寶袋，走到哪都要帶著它。

C：筆記本用來記下故事點子、畫下分鏡小草圖。

D：有時候咖啡會需要續杯。

E：參考的繪本或其他種類的書。

F：有時候也會在工作空檔看一些毫不相關的雜書。

G：上午通常是想故事、寫故事的時間。

H：「吃午餐了，收一收來幫忙端菜！」曹老媽說。

I：曹老媽的蝴蝶托兒所。

J：一整盒的色鉛筆和鉛筆袋。

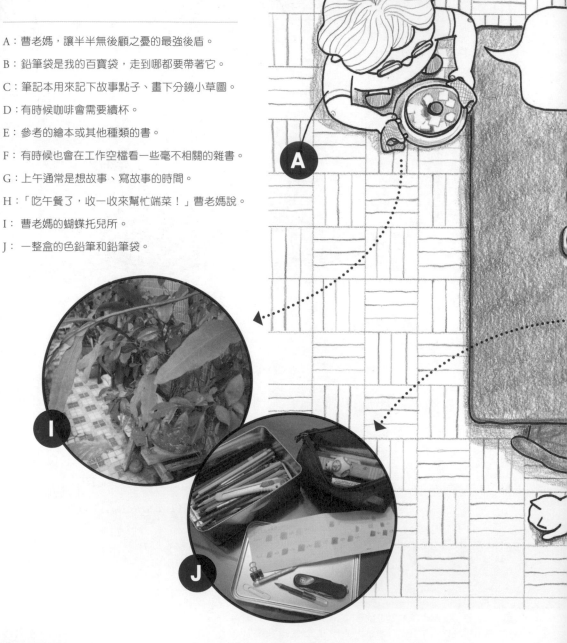

曹半半

工作桌上的
小宇宙
×
平常日子

動筆動手動腦筋！

A：小紙船，用來裝削色鉛筆的屑屑。

B：瑞士刀削鉛筆很好用喔！

C：常用的顏色會放在鐵盒蓋上。

D：太會流手汗了，所以要用衛生紙墊在畫紙上。

E：上顏色的時候就會不停地聽音樂。

F：下午通常就是畫畫的時間。

G：筆記本裡的小草圖還是需要攤開來參考。

H：鐵盒裡裝滿了色鉛筆。

I：電腦不只提供音樂，開著也可以隨時查資料。

J：「收一收吃晚餐了！」曹老爸說。

K：16 歲的貓大叔塔塔。

L：20 歲老貓小喵。

曹半半

How to Work?

一個作品的完成流程

以《爸爸山》製作過程為例：

Step 1：故事點子往往來自生活或童年回憶。

Step 2：然後要找人督促不太勤勞的自己把它做出來。

Step 3：和喜歡繪本創作的朋友們一起展出，蒐集大家對它的回饋。

Step 4：正式得到出版機會了，要把它畫成更棒更完整的版本。

Step 5：接下來就是聆聽別人詮釋和聽眾反應的時候了。

FOLLOW ME!

生活故事

↓

找人督促自己
做出來

↓

與同好討論

↓

編輯

↓

出版

Step 2

Step 4

Step 5

《爸爸山》

獻給每個家庭
那座既慈祥又美麗的高山。

創作的
果實

其他出版品

左：《誰能幫我追氣球？》
中：《小怪物來了！》
右：《請來我家吃蛋糕》

ILLUSTRATOR TABLE

illustrator

16

皮 哥

pigo lin

吃飽飽、睡飽飽，創作慾不可飽，

才能渴望一直畫下去。

大學開始接觸插畫，除了創作，也從事手錶設計工作。創作領域包含兒童繪本、商業插畫和純藝術。出版過 4 本兒童繪本。

最欣賞的創作者：漫畫家松本大洋、插畫家清水裕子、藝術家 Torgrim Wahl Sund、繪本作家莫里斯・桑達克（Maurice Bernard Sendak）、《長頸龍與霹靂龍》，太多太多了，這世上有太多大師了。

最喜歡的作品：《THE BOY PIGO》小王子系列

FB 皮哥的兒童圖畫書（@ pig6440）

W http://www.pigolin.com/

皮哥 pigo lin，筆名取自英文 pig 的諧音。大學開始接觸插畫，目前除了創作外，也從事手錶設計工作。

創作風格與方式的改變

早期以手繪為主，現今加入電腦繪圖混用，希望呈現更多元的表現方式。他對自己的作品特色的闡述：「像一顆溫暖又有點憂鬱的恆星。」而最擅長的表現手法是現實和非現實的人物場景搭配。

喜愛繪製城市街景，並融合部分超現實元素，呈現一個舞台劇般的效果，3 本兒童繪本皆是類似風格。近期將重點改在人物的描繪，以人為主角，背景襯托，嘗試不同的說故事方式。

創作與生活的平衡

白天公司上班，日落時轉換成皮哥人格，進入創作狀態，每天大約花 4 至 5 小時畫圖。週末不創作，四處參觀展覽和尋找有趣的人、事、物，「將內心重新裝填整理，等下周創作時會更有效率，

這對我而言是很重要的儀式。」

以前創作屬於夜貓子一族，現在作息正常，偶爾晚上小小暴衝創作到深夜，但其實是不良示範。最嚮往的生活形式：「吃飽飽、睡飽飽、玩飽飽、口袋飽飽，創作慾不可飽，這樣才能渴望一直畫下去。」

他認為影響作品最大因素是不容易形容的，因為創作是一種對內在、對外在放鬆的過程，所有事物都是因素，也是結果，只有結合經歷的一切才是目前的狀態，

是隨時隨地都在變化的進程。「若真的要說最大的因素，那我只能說是生活吧。」

近期要完成的目標與工作，除了在 2016 年前要完成一本繪本外，近期會繼續延伸《THE BOY

A：皮哥的手，畫圖的手，超長的手指頭。

PIGO》小王子系列，並以數位版畫的方式輸出。

「多數人認為數位輸出作品的價值比不上畫在紙上的作品，其實並非如此。極端來說，若林布蘭使用數位輸出自畫像，輸出一張且簽名不再版，對我而言，和油畫是同樣無價的。」

皮哥認為或許林布蘭畫作若不是油畫就不是林布蘭，但屏除個人對工具的喜好，媒材應該只是不同創作下的選擇。這觀念以後應該能漸漸被認同，甚至具有時效性的作品，如畫會隨著時間漸漸分解，最後消失不見，欣賞的是它的過程，相信也是會有不少愛好者吧。他深信這樣的信念。

1·工作室一景是主要創作的地方，有大大的窗
　戶和充足的採光，繪畫用的資料（參考資料）
　和筆電放在另一個房間。牆上貼的是近期新
　作和井上雄彥《浪人劍客》的海報。

工作桌上的
小宇宙
╳
平常日子

2 · 身為漫畫中毒者，看漫畫就是皮哥的放鬆時間。雖然也看線上連載，但紙本拿在手上的充實感是永遠無法被取代的。如果可以，他想成立一個空間，展示收藏的漫畫和插畫冊，讓大家可以欣賞來自世界各地插畫創作者的作品，目標就訂在 **40** 歲前。

3 · 沾水筆盒，收納筆桿不怕亂滾弄丟。後方為《**Ghostbusters**》（魔鬼剋星）的棉花糖寶寶。

4 · 最喜歡的漫畫家是松本大洋（まつもと たいよう），這部《**Sunny**》帶給了他許多創作上的啟發。

5 · 兒童圖畫書櫃，因為很亂，實際上堆滿了整個牆面，只整理一部分讓大家有整齊乾淨的錯覺。

6 · 桌上使用的媒材有水彩、廣告顏料、壓克力顏料、彩色墨水、色鉛筆、酒精性麥克筆、中國顏彩、墨汁等。

How to Work?

一個作品的完成流程

以〈大艾草〉製作過程為例：

FOLLOW ME!

發想

↓

草圖繪製

↓

電腦上勾勒精細稿

↓

配色

↓

完稿

發想，繪製草稿

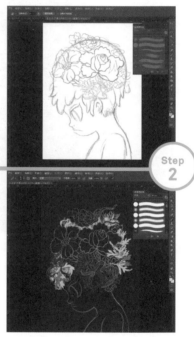

Step 1

Step 2

將草圖掃描進電腦，搭配參考資料將元素帶入，開始勾勒精細稿。

著色，內心先有概略幾種配
色，嘗試後，視效果而定再作
調整。

調整細節，完成。

大家愉快的聊著，不知不覺已
經走到廟埕。
「依公！」皓皓迫迫跑過去抱
住依公。
「哇！依命又長高了！」依公
叫著嘴開心極了。

《會呼吸的房子》

內容以馬祖文化為主軸線，運用兒童文學的語文以及
精美的圖畫，介紹馬祖閩東建築的特色。

「依橙，我們回來囉！」婆婆向前給依
橙一個擁抱。
「依奇回來了啊？吃了嗎？」
「快，這裡坐吃碗大平麵，等一下依橙帶
你去廟裡拜拜。」
依橙為他打點上後要支香，讓他們向神明
上香。

「咦！看起來比較整齊耶！」
「那邊的房子，裡面怎麼會有這麼
多朝人字啊？」
「呵呵！這種牆叫做人字砌，
因為大家的生活都有了起色，
為了讓房子美觀，所以房子的外牆
也就講究了。」依嬸說。

「回來擺暝喔？
她越長越高好多嘍！」
「嬸婆好，叔公好！」
打過招呼後，只見她姊姊直盯著
屋外的石牆上下打量。
「這種牆做叫做亂石砌！因為早
年過去過的居民比較窮苦，所
以蓋房子的時候隨地取材，工法
也比較簡單些。」叔公說。
「你再看看對面，隔壁鄰家房子，
有什麼不同？」依嬸說。

「擺暝」：指為祖元宵慶典。
（福州話：音各冬）

創作的
果實

ILLUSTRATOR TABLE　　223

ILLUSTRATOR TABLE

陳維霖

回首細想這份工作，
喜悅多於辛苦，感激多於責難。

現為專職插畫家。作品《菱角塘》曾獲教育廳插畫金書獎、《成語漫畫動物園》獲得國立編譯館優良漫畫第二名、《蜻蜓》獲科學類年度十大好書、入選日本福岡 evergreen marinor hotel 海報設計。作品有《越過山崗》、《擺暝》、《濕地》、《五月飛雪油桐花》、《燃燒的歲月》等書。

最欣賞的創作者：佐野洋子

FB 陳維霖

樂於接受挑戰
喜悅多於辛苦

從事兒童文學工作已超過 20 個年頭的陳維霖，這幾年除插畫創作工作外，開始發展生態解說以及美術教育傳承的事業。與許多同輩的插畫家同樣喜歡接受挑戰，也喜歡有創新的案子，2014 年還為嘉義縣出版了一本以阿里山森林火車為主軸的立體圖畫書，這本書有別於一般繪本，除了平面的呈現效果之外，還要考慮立體的層次感，本身是嘉義人的他，也算為自己的家鄉留下一份美麗的禮物，令人耳目一新。

他說：「從對這工作的陌生到稍微有點概念，這都是許多前輩或是跟自己同時期進入兒童文學的出版夥伴，一起激發出來的成果，回首細想，這過程喜悅多於辛苦，感激多於責難，如果說有任何的收穫，就是身旁多了許多朋友，便是這工作給我的最大回報。」

生活的累積成就創作

維霖慣用渲染的手法，但也會針對不同類型的題材調整自己的表現方式。正確地說，應該是期許自己的作品更貼近兒童的心靈感受。

喜歡生態與自然，閒暇之餘，會
以聽音樂與騎自行車幫助自己思
考事情，同時也趁這個時候尋找
創作靈感。晚餐過後，在家裡附
近的散步，成為生活中不可或缺
的小確幸。

這幾年也多了些時間一邊做生態
導覽的工作，一邊觀察環境，又
兼作旅行，假日期間帶領小朋友
做戶外體驗，希望能用文圖的方
式慢慢將這些過程記錄下來。

A：晚餐後的散步景色。

工作時的好夥伴

工作室大概是一天之中待最多時間的地方，所以工作室裡擺上了維霖自己最喜歡的 AURA 音響和 MONITOR AUDIO 喇叭，除了音響之外，為了不浪費空間，天花板上還有一個 80 吋的銀幕，當然投影機是免不了的，這些喇叭和線材都是當初自己慢慢架上的，有了硬體當然軟體也免不了，目前放在工作室的 CD 已超過 2000 張，電影 DVD 也超過 1000 張，這些都是陪伴維霖工作時的好夥伴。

維霖的作息習慣因年紀的漸長，有些許差別，「年輕的時候是夜貓子，現在是屬於健康男孩型……。」一早起來第一件事是澆花，然後砌一壺茶，接下來才開始享用早餐，生活作息規律。

B

B：維霖說：「一提到喜愛的卡拉揚大概會被歸類為俗人吧，但我就是喜歡聽他指揮馬斯康尼的《鄉間騎士》，俗人聽這麼通俗的義大利歌劇是再恰當不過了。」

1 · 雜亂的工作桌。
2 · 餐桌是休息與聊天的地方。

工作桌上的
小宇宙
×
平常日子

3·音響前是工作室或家居最喜歡的景緻。

4·雜亂的工作桌。

5·工作室裡有一整排的藏書。

How to Work?

一個作品的完成流程

Step 1 塗鴉

Step 2 草圖

Step 3 完成稿

FOLLOW ME!

有了想法

以分鏡方式
寫在筆記簿上

反覆修改草圖，
直到定型

繪製彩圖

近年的創作作品與這一路上的心得

BOOK 1．《五月飛雪油桐花》
創作此繪本，正逢國光石化想在彰化設廠，本書以綠色能源的概念為出發點來書寫，希望能喚起更多人對周遭環境的關注。

BOOK 2．《擺暝》
這是個難得的創作經驗，第一次踏上馬祖，以馬祖當地的元宵節為主的繪本。一週的時間，在馬祖觀察及融入他們的信仰活動，深深體會到信仰超越宗教的情感流露。

BOOK 3．《濕地》
這本繪本是自己第一次以新詩的方式來書寫，也是接觸生態的過程中產生的一些想法。

BOOK 4．《燃燒的歲月》
一次偶然的機會，參加文資守護課程，而有了創作此書的念頭，以當時台灣燃料還是以煤炭為主的年代，敘述當時礦工的生活點滴，困苦家庭胼手胝足燃燒自己的青春歲月，讓家中成員過得更好的生活。

BOOK 5．《越過山崗》
以立體書概念創作的繪本，透過一位即將退休的阿里山火車駕駛員阿清伯，來看整個鐵路阿里山線的文化、生態與歷史。

鄉親們到廟裡食福。
藉由神明的祝福，
大家吃著充滿福氣的食物，
喜悅的過了一個愉快的擺暝慶典。

《擺暝》

擺暝是馬祖的元宵節，在晚間舉行。在所有祭典過後，大約午夜十二點多，村人共聚一堂吃飯，在寒冷的冬天喝熱熱的老酒，是很難得的經驗。

創作的
果實

ILLUSTRATOR TABLE

illustrator

18

蔡秀敏

我要畫畫、我要創作！

平日工作時是位藥師，卻最討厭吃藥；授課分享時是位說故事及手繪書講師，卻最想當學生；喜愛畫畫、閱讀、說故事、旅遊、到處吃喝玩樂。已出版作品《沒關係》。

最欣賞的創作者：伊芙・邦婷（Eve Bunting）

FB 蔡秀敏、《沒關係》FB 粉絲專頁

說話輕聲細語，總是笑瞇瞇的蔡秀敏，她總是這樣介紹自己：「我是蔡秀敏，平日工作時是位藥師，卻最討厭吃藥；授課時是位說故事及手繪書講師，卻最想當學生。」秀敏娓娓道來她在生活中的樣貌。

「媽媽，您講的故事好好玩，為什麼沒有書？」

2015 年出版了個人第一本繪本《沒關係》，這本書醞釀了將近10 年才得以問世，在這期間的努力與堅持，值得許多想進入創作

領域的朋友參考。秀敏由台南北上在醫院工作，擔任門診藥師直到結婚生子後，在孩子 10 個月大時辭去工作成為全職的家庭主婦。在孩子還小時，經常為孩子

說故事，直到有一天無意間說起了自己小時候的故事，孩子問：「媽媽，您講的故事好好玩，為什麼沒有書？」便燃起了秀敏想要創作的初衷。

創作種子的萌芽

孩子上小學後，秀敏到學校擔任愛心媽媽，每週說故事給班上的孩子聽之外，還成立社區讀書會。有次參加親子共讀的研習課程，獲知學習訊息，馬上報名參加鄧美雲老師在耕莘文教基金會第1屆手繪書創作課程。課程結束後，隨即又參加陳璐茜老師的繪本創作班課程，滋養了創作的種子。

一邊說故事、一邊思考創作。秀敏獲得第14屆信誼幼兒文學獎入圍，有了莫大的鼓勵與信心。隔年2003年再次參加比賽，獲得第15屆信誼0至3歲幼兒文學獎佳作，才開始真正的創作之路。

教學的契機，
背離了創作的本心

在擔任十多年的全職家庭主婦生活中，除了喜愛說故事外，主動

A：秀敏平日喜愛和好友走走。

將自己上課所學分享給社區的朋友，累積許多教學經驗。她的兒子在她的指導下，參加第 4 屆羅慧夫顧顏基金會兒童文學獎獲得金獎。貓頭鷹圖書館李苑芳館長

提議她開課，教導孩子們創作手繪書，她的學生參加第 5 屆羅慧夫顧顏基金會兒童文學獎比賽也獲得金獎。從此開啟教學的契機，卻也喪失了她個人創作的時機。

出現在內心的「巨響」

在 2014 年 2 月台北國際書展，秀敏參加豐子愷兒童圖畫書獎論壇，聽到獲獎作家們分享自己的創作，見到當年同屆獲獎的陳致元及湯姆牛在創作上的堅持，鼓舞人心。「相對於 11 年來我的一事無成，感到很難過。結束時邊

開車邊流淚，我要畫畫、我要創作、我要我的書出版！」秀敏的內心充滿著這股聲音，沉睡了 11 年的創作種了，在那天的淚水中，悄悄再度萌芽⋯⋯。

於是，秀敏開始積極地參加繪本

相關活動，經由這幾次的活動，結識了許多創作的朋友，也搭起了出版作品的機緣。

兼顧藥師與創作者的雙重身分

秀敏的作息與一般的創作者有很大的差異，白天在藥局擔任藥師工作，下班後夜深人靜，晚上 9 點到半夜 1 點，或假日不出遊的時候，都是秀敏創作的時間。「我是位好吃好睡的暗光鳥。」

秀敏的作品具有生活性與創意，

B：不喝咖啡的秀敏，喜愛喝歐式花茶。　C：喜愛手作。

或許是藉由媽媽的角色以及說故事的經驗，特別希望作品能勾起讀者的共鳴與互動。目前以學齡前作品為主要發展方向，之後會融入專業藥學領域議題，做為創作靈感。

不斷精進，儲備實力

此外，秀敏也不斷地學習繪畫技巧與不同媒材的運用，加入國畫水墨、木刻版畫或剪貼，是她正努力學習的技法。除了創作繪本外，也擔任手繪書及說故事培訓講師、手作布盒講師。秀敏因為

有份專職工作，生活忙碌且充實，跑步、健行、睡飽覺、和朋友聊天是她最常獲得靈感的方法。希望自己有一天也能擁有一間獨立的工作室。

D：創作《沒關係》時使用的卡達蠟筆。　右圖：滿滿的藏書。

工作桌上的
小宇宙
×
平常日子

1・工作桌。

2・顏料。

3・練寫實的動物畫。

4・一筆一畫很認真地描繪。

How to Work?

一個作品的完成流程

FOLLOW ME!

故事的構思和發想

↓

文字稿

↓

文字分頁稿

↓

分鏡草圖

↓

草稿

↓

與編輯討論

↓

上色定稿完成

Step 1 分鏡草圖
（後來沒採用此版本）

Step 2 用光桌描繪

Step 3

以油蠟筆
直接作畫
（版本演進範例）

以《沒關係》製作過程中出現的各版本為例：

Cover No.1 **2002 年　第一版**

No.2 **2003 年　第二版**

正式出版！ No.3 **2015 年　第三版**

在幼兒階段，孩子喜歡塗塗畫畫，大人為了不抹滅孩子的想像和興趣，如何從旁給予自信，同時發揮更大創意，《沒關係》便是最好的示範。

平日磨畫筆，練習手感的傑作。

羅方君

（羅羅）

插畫家就像紙上導演，

統御與鋪陳悲歡離合。

華岡藝術學校美術科第 1 屆畢業。師承吳昊、楊恩生、吳承硯（前文化大學美術系教授）、李可梅、巴東以及龐均。從事藝術學習以及創作達 30 年，近年以插畫以及繪本創作為主，並跨界和電影、空間視覺設計、產品、動畫、多媒體和音樂創作結合。繪本《放假囉！》入選 2011 年繪本國家出版獎、2016 年第 23 屆北京國際圖書博覽會 BIBF 作品參展入展。

最欣賞的創作者：布赫茲（Quint Buchholz）、莉絲白·茨威格（Lisbeth Zwerger）

FB 彩繪希望工作室
W http://www.heyshow.com/gallery/21498/

勇於追求，放膽夢想

跨界將插畫展辦到高級超跑展示場，史無前例的插畫創作者羅方君自小師承名師，熟識她的朋友都暱稱她：「羅羅。」她繪畫的才華在學生時期就已展露，並且散發著強韌與神祕的色彩。羅羅是個勇敢追求自己喜愛與夢想的

A

人，在畢業後也選擇了與同學不同的路，唯一不變的是始終誠摯地面對自己的心與身邊交會的朋友。

來自大師們的藝術啟蒙

學生時期，曾經花了幾年跟台灣知名的寫實生態水彩畫家楊恩生老師學習，老師從顏料、紙張等都無不一一嚴格要求。之後也跟著吳承硯老師學習渲染和意境的追求，融合兩位大師的特色，進而發展出自己的創作風格。

B

在繪本創作上，洋溢著許多拼貼、重製、場景式，甚至是多重文本的風格，也使得羅羅的繪本有著明顯的張力。

羅羅的濃麗色彩呈現出台灣亞熱帶地域風格，用色注重瑰麗，有如陽光般的強烈色彩感受，以及對於都會女性議題的觀察與刻畫，使得她的創作產生獨特的現代風格，對於不同的社群能產生特殊的共鳴與吸引力，「我的思考常來自感官，聽覺、嗅覺皆是。」

喜歡聽音樂的她，因為音樂能引領羅羅到不同的時空情境，進而創作出不同的東西。她認為：「插畫家就像『紙上導演』，統御與鋪陳故事的悲歡離合。」

A：2014 年受邀中國聯通香港國際公司藝術講座和展覽。　B：創作前親赴故事現場採集資料。

生命能量的蓄積與爆發

羅羅在生命中遭遇的每一次轉折,似乎就像是為了蛻變而蟄伏、準備,並且蓄積了生命能量後的選擇與結果。不管是投身於兒童繪本與手繪藝術,都能展現鮮明的圖像風格。

C

羅羅近年來創作的宜蘭繪本,曾經作為建築系課堂上導讀的參考書,另外,也成了在地旅遊達人導覽時向遊客解說對照的最佳媒材。2014年「遊走荒謬」個展,畫作的脈絡觸探不同的生命力,投射出她對社會環境的敏銳觀察,刻畫都會女性所面臨的家庭與追求自我等心路歷程。

在簡單的生活中追求變化

羅羅的生活是在簡單中求變化,重心依然放在創作上,偶爾會跟好友約喝下午茶,參加一些藝文

活動或看展，彼此交流想法，也會撥一些時間做教學。

早上剛起床不太喜歡進行耗腦的事情，收發信件、資料整理或出門洽談，自己也會留些時間練琴。根據案子特性，某些主題會需要考證，所以偶爾會外出實地查訪做記錄。

希望有機會每年安排 1 至 2 次長短程的旅行。

假日會出去運動，騎台北的 Ubike 遊市區，是羅羅和孩子們最常也最喜歡的活動。羅羅認為豐富的生活經驗對創作而言是很重要的，若在各方面都能平衡時，

羅羅因為在經紀人的協助之下，能更專注在創作上。接下來她正準備更多跨界的合作，包括新的超跑作品、藝術授權，以及準備明年國外的展覽。

C：豐群汽車駐點藝術家 VIP 作品導覽。　D：假日帶孩子騎單車運動。

1

1．工作桌。
2．進行水彩溼染和噴灑的特殊技巧。
3．創作前的實地考察。
4．專注地作畫。
5．慣用的水彩顏料。

工作桌上的
小宇宙
╳
平常日子

6‧這是放鬆及轉換心情的方式。

7‧在超跑現場創作。

8‧以法拉利超跑發想的作品。

9‧親自到印刷廠對色。

10‧顏料。

11 · 蒐集歸納的資料庫。
12 · 對的人對的美食就是完美的用餐氛圍。
13 · 每天均衡的蔬食早餐很重要。
14 · 喜歡在藤椅上閱讀。

How to Work?

一個作品的完成流程

以 羅羅近五年做的宜蘭繪本為例,雖然繪本皆由宜蘭文化局出版,但文案皆來自宜蘭燦景古建築工作室,所以羅羅進行繪本創作時,是跟燦景直接討論。

1. 根據每一部繪本的主題,親自去故事現場體驗和記錄。
2. 資料不足時再找網路和圖書館資料。
3. 著手進行草圖和分鏡。
4. 討論草圖,一再考證畫面元素的正確性。
5. 修改和調整草圖。
6. 正式上彩稿。
7. 由燦景做後製編輯。
8. 親自跑印刷廠一張張校色。
9. 印刷完成。

FOLLOW ME!

現場勘景

↓

資料搜尋

↓

草圖分鏡

↓

草稿討論與修改

↓

彩稿

↓

燦景後製編輯

↓

印刷

修改和調整

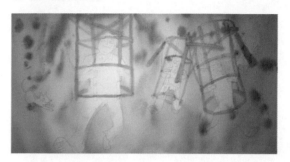

正式上彩稿

完稿

左：〈極致 ‧ 淨土〉
義大利瑪莎拉蒂同型車款創作
2014 年為豐群汽車 **Top Auto** 空間量身訂做作品
2014 年第 **53** 期世界高級品雜誌專訪作品
極致和淨土剎那在東西交匯，交錯出永恆傳說。

右上：〈天使的眼睛〉
2013 年何歡劇團收藏
感恩的眼睛，美麗的大眼睛，三歲即將失去的眼睛，
天使的眼睛。洗滌痛苦，小眼睛化為萬花筒，帶給
所有需要關懷的人，一個美麗的大世界。

右下：〈擁擠〉
2016 年國片電影〈他媽媽的藏寶〉場景原作
2014 年宜蘭國際童玩節繪本館邀展作品
2012 年王錚亮〈我能給的天亮〉演唱會舞台主視覺
荒謬的人，擁擠的世界，偏偏在同一條陌路上。

ILLUSTRATOR TABLE

illustrator
20

無 疑 亭

（吳宜庭）

———

在生活中，

找到自己的觀點並發展成故事。

台灣插畫家與繪本作家，喜歡大海、鯨魚、山林、散步和看小説。已出版作品有
《夕陽臉紅紅》、《影子》。

最欣賞的創作者：海貝卡‧朵特梅（Rébecca Dautremer）、陳志勇、
Joanna Concejo、莉絲白‧茨威格（Lisbeth Zwerger）、川貝母、達姆、
陳狐狸、村上春樹、吳明益

FB　無疑亭 Yi Ting Wu
W　http://leannwu.tumblr.com

新生代插畫家綻放光芒

無疑亭本名吳宜庭，她說：「這名字太普遍了，網路搜尋不到我的作品和資料啦！」所以，就以無疑亭來跟大家見面。新生代出色的創作者，畢業於政大廣告系與交大應用藝術研究所視覺傳達組。作品曾獲得第3屆中華區最佳學生插畫獎優秀獎、Hiii Illustration 國際插畫大賽優秀獎、第9屆創意達人設計大賽佳

作獎、入圍第2屆默默文創新銳插畫家徵選比賽。繪本著作《影子》入圍第3屆豐子愷兒童圖畫書獎。

對無疑亭來說目前為止最喜歡的作品是《把你當成世界來旅行 So, the Journey Begins.》系列創作，以13幅畫描述一段女孩在男孩的身上旅行，身體的各個部分變成獨特的景觀，有時親密貼近，有時距離遙遠，兩人的關係即使再怎麼緊密依存，都是獨立的個體。「因為那是畫給重要的人的禮物，所以充滿感情呀！未來會繼續發展這系列。」無疑亭說道。

無疑亭每天約在8點起床，吃完

A：從陽台往外看，別人家陽台上的玩偶背影，也是她很喜歡的景緻。

早餐後開始做事，工作地點可能在房間或者圖書館，視當天心情與天氣決定工作地點，大多在圖書館工作，比較涼快和安靜。12點多吃飯，1點半左右繼續工作，中間累了就休息，約6點左右吃晚餐。晚上視案子的進度，決定是否繼續工作，每天大約在12點就寢。

無疑亭的作品擅長鉛筆、水彩、粉彩、電腦繪圖，構圖多為幻想的場景、遮蔽的臉、飄逸的長髮、人物背影，創作主題源自於對生活中人、事、物的想像。

靈感來自生活的一瞬間

「在移動中思考或變換工作場所，搭捷運、火車，散步、跑步等等移動的時候，靈感會突然湧現。」她認為生活裡都是靈感。閱讀、看展覽、聽演講、爬山、到郊外散心、和朋友談話、觀察路人、偷聽路人聊天與瀏覽網站（例 如：pinterest、 behance等網站），都是獲得靈感的方法。

B：最喜歡的家居景緻是社區中庭的綠色小世界。

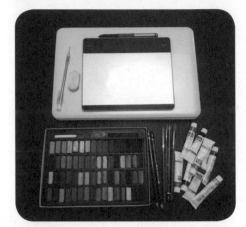

而影響作品最大的因素是「想像
力」。「創作作品的時候，作品
故事的起點是我對於生活的想像，
並在生活中找到自己的觀點並發
展成故事。接案時，則是端看文
本賦予我的想像力，是否在我的
腦中順利轉換成圖像。」

無疑亭大學就北上在台北生活，
卻一直希望自己可以生活在一個
天氣好、少下雨的地方。平日白
天處理案子，晚上與週末陪家人、
朋友或者陪自己。不需要熬夜，
期許自己每天過得開心又健康。

C：常用器材是筆電、繪圖板和自動鉛筆，有時候是粉彩、水彩和鉛筆。
D：房間就是無疑亭的工作室，梳妝台是她的工作桌，也是每天待最久的地方。

How to Work?

一個作品的完成流程

以《把你當成世界來旅行》其中一幅製作過程為例：

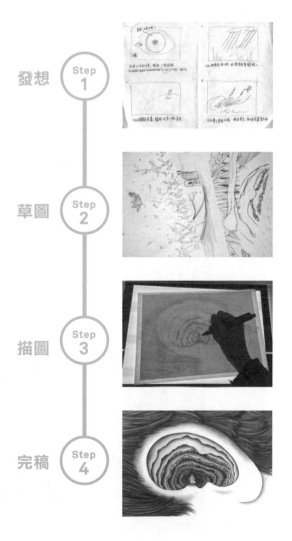

Step 1　發想

Step 2　草圖

Step 3　描圖

Step 4　完稿

FOLLOW ME!

故事與概念發想
↓
粗略草圖
↓
細緻草圖
↓
清稿
↓
手繪或者電繪上色
完稿

1 · 無疑亭最喜歡看小說。
2 · 撫慰人心的 **ZINE** 收藏。
3 · 幫助思考的白紙與 **A5** 筆記本。
4 · 書櫃與繪圖材料櫃。
5、6 · 已出版的作品：《影子》、《夕陽臉紅紅》。

工作桌上的
小宇宙
×
平常日子

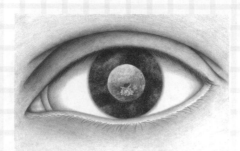

Pic 1
旅程開始了。

Pic 2
你的眼底有一座湖，
我和蜉蝣，
漂浮在一片寧靜裡。

《把你當成世界來旅行》

目前共 **13** 幅畫，描述一段女孩在男孩的身上
旅行，身體的各個部分變成獨特的景觀。有時
親密貼近，有時距離遙遠。兩人的關係即使再
怎麼緊密依存，都是獨立的個體。「你是風景，
而我也是風景。」

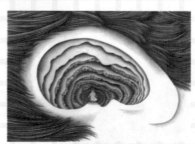

Pic 3
你的耳朵
是我存放祕密的地方。

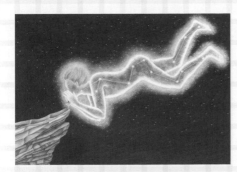

Pic 4
把你身上的痣連成線，
成為夜空裡的星座。
茫茫人海中，總能一眼看見你。

Pic 5
你是風景

Pic 6
你有你的孤獨，
我有我的孤獨。

創作的
果實

ILLUSTRATOR TABLE

illustrator
21

查理宛豬

用力感受，

放空，再用力感受。

本名林宛姿，誕生在一座雨的城市，偏愛手繪與手工質感的東西，銘傳大學商業
設計系畢業，目前是繆斯影藝經紀的插畫家。已出版《基隆中元祭》、《總鋪師
大辦桌》、《懲罰》、《小島阿依達》等書。《總鋪師大辦桌》獲選為 2014 年義
大利波隆那書展台灣館選書。

最欣賞的創作者：奈良美智、乙一、平山夢明、妹尾河童、梵谷、伊藤潤二

FB 查理宛豬

W http://chirle-p.blogspot.tw/

本名林宛姿。查理宛豬為什麼會叫一個那麼奇怪的筆名？這是幾乎所有第一次遇到她的人都會發問的問題，但她只是嘻皮笑臉、令人摸不著頭緒地回答：「學生時代就想說要有個筆名，我的名字姿念起來就像『豬』，台語的姿也很像豬，然後又想有個中性、外國人的名，而同學都在喝『茶裏王』……因為要接案，需要有筆名，所以就一直沿用至今。」

職業插畫家的堅持

宛豬的圖像用色非常強烈，其實與她一顆炙熱的心有很大的關聯，渴望愛情、渴望被寵，宛豬

重複地畫著漂泊的鯨魚、畫著深邃的海洋，其實一直畫著自己內心深處的那片藍。

她從小就喜歡畫畫，念銘傳大學期間便已開始接稿，曾經在畫室待了三天三夜足不出戶，除了插畫外，她也接商業設計與其他周邊設計的稿件，與一般插畫家比起來，稿量頗豐，只是不太會理財，更不懂得計畫。她的家人經

常叫她放棄，好好去外面公司上班，但是她一直堅持這條職業插畫家之路。

天真散漫又不安分的
反骨性格

很多人不知道她其實就是雄獅奶油獅的原創者，也有很多人不知道她的哥哥是基隆市長林右昌，很多的「不知道」更增添她許多離奇的色彩。有個有名的哥哥，也擁有一身的才華，但是宛豬一直活在不食人間煙火的思維與世界裡，儘管已經有點年紀，也在社會行走已久，她依然單純、散漫，永遠在狀況外。

因為不擅長處理「凡間」的瑣事，宛豬在 2015 年底加入了繆斯影藝經紀公司，由經紀公司為她打理藝術方面的工作。在此之前，宛豬在網路上，非常火紅，可以算是美女插畫家的代表，臉書無論貼了什麼，總是吸引一堆人按讚，她自己也沉迷於此，很在意別人對她的感受與回應。

可能內心一直存在著不安分的靈魂，同時帶著反骨，對於她所在意或看不慣的事，會使出渾身解數拚命砲轟或緊迫盯人。（現在有了經紀人，應該比較能自我控制了。）

A：最喜歡的柴犬 Q 將。

我行我素的最高標準

宛豬的生活相當不正常,到了早上大家開始上班時,她就準備去睡覺,睡覺時又將手機放在床頭邊,當訊息傳來,她又來回不斷地回應,所以一年到頭永遠睡不好,生活過得很⋯⋯糜爛。但是她我行我素地說:「我也沒辦法呀!」似乎就是她的口頭禪,要不就說:「好啦,我會改!」然後又周而復始、一如往常。

有一回,我們要到花蓮演講,幫她買了太魯閣號的火車票,集合

前一小時打電話給她,她睡眼惺忪地接起電話,我們趕緊催促她快快到台北車站或松山車站趕火車,哪知這位小姐從基隆家中叫了計程車,聽信計程車司機的話,說她一定趕不上火車,可以載她到宜蘭趕火車。電話中我們直覺司機為了賺這趟車程而騙她,告訴她不如搭到瑞芳,她還是乖乖

B

聽信了司機的話,浪費了 3 千元的車資。她的家人覺得她實在太容易受騙了,她還是很天真地說:「我哪知道啊!」賺來的錢大多花在這些無謂的地方。

宛豬的圖色彩鮮明,像一團熱情的火球,與她不掩飾的個性很相像。自從她將工作室搬到海邊的山上,有了較寬大的工作空間,採光佳、風景好,工作也越來越順。平常窩在畫室裡,靠著便利商店過日子,偶爾哀號想吃好的,「胡椒蝦」便是她最佳的選擇。她說她最愛畫食物和腦漿,表現超現實與奇幻風,腦袋裡裝滿稀奇古怪的奇幻事,比不食人間煙火還要更誇張,可以說是達到我行我素的最高標準了。

雖然如此,她依然渴望朋友、珍惜朋友,經常將:「你不可以不理我喔!」掛在嘴邊,令人又愛又恨。

C

B:工作室的夜景。　C:看著海畫圖。

1 · 很多筆，顏色很療癒。
2 · 畫大作品時。
3 · 工作臺。
4 · 有無敵海景的窗。
5 · 油畫作品。

6．顏料。

7．需要時常補充水分。

8．油畫作品。

9．小藏書。

工作桌上的
小宇宙
╳
平常日子

How to Work?

一個作品的完成流程

用力感受，放空，再用力感受（到底是怎麼用力，實在難以理解）。宛豬純藝術創作，會將腦袋的東西，想像成一幕一幕的情境，然後打稿，再上色。

以《總鋪師大辦桌》製作過程為例：

FOLLOW ME!

感受

↓

放空

↓

再感受

↓

打稿

↓

完稿

草圖

Step 2

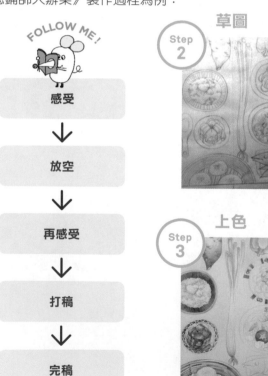

上色

Step 3

Step 1 角色設定

I am Taiwan

I am 勲吉

I am 勲吉媽

創作的果實

陳又凌

可以持續創作，

就是最幸福的事。

2015 年與 2016 年獲義大利波隆那插畫獎。畢業於荷蘭烏特勒支藝術學院碩士。
喜歡散步，大自然，和貓説話。平常喜歡畫生活中微小事物，和自己的小喜小悲，
2013 年開始設計自己的商品，覺得這是一件有趣又充滿驚喜的體驗。作品有《媽
咪怎麼了？》，目前正在挑戰繪製 2017 年年初即將出版的《台灣文化地圖》。

最欣賞的創作者：李瑾倫

FB 陳又凌 Chen Yu-Lin Illustration

不斷昇華的規律生活

幾年前到又凌在和平東路附近的工作室，這個工作室是與幾位創作人一起分租的公寓，她將愛貓帶去一起工作，一起溫存靈感，不知是貓陪她，還是她陪貓。

轉眼間，又凌結婚，搬到山上，每天像上班族一般，跟著先生出門進城，到工作室繼續工作，與過著夜貓子生活型態的創作者不同，我們每次都約一起吃早餐，她帶著早餐到我們公司，各自吃自己的早餐，然後聊作品。再過沒多久，又凌生了小孩、升格當了媽媽、搬到近郊的城中，開始

了更規律的人妻與人母的創作生涯。

為了專心創作，保持規律的創作習慣，在還沒生寶寶前，每天清晨 6 點起床，7 點開始創作，朋友笑她像「公務員」，她說：「可以持續創作，就是最幸福的事情。」現在，添了寶寶之後，創作的時間由寶寶說了算。為了陪伴寶寶以及配合先生家人的作息，她選擇凌晨 3 點起床畫圖，工作到早上 7 點，陪寶寶再睡到大約 9 點，然後開始一天的生活。「每天，公公幫我顧寶寶的時候，以及寶寶睡覺的時候，就是我能抓緊畫圖的時間。」

一步一步向前走，
走出自己的創作風景

又凌在 2015 年與 2016 年連續兩年獲得義大利波隆那插畫獎，在未得獎前，一直以來就非常專注在作品經營與開發上，白白淨淨的臉龐，細細輕柔的聲調，其實對自己的作品非常非常在意（誰不是呢？）。先前又凌的商業設計作品與商業插畫經營得有聲有色，花許多心力在明信片與小畫展的發展，也因為去了許多地方旅行，將這些到過的地方畫成地圖，更成為她的專長與個人特色。

輔大平面設計系畢業後到荷蘭烏特勒支藝術學院進修取得碩士學位。因為許多人說她的畫風較偏歐洲風，於是她開始轉變，希望自己的畫能更貼近常民生活。「其實這都經歷過不少困難。」她說她剛從國外回來時，因為沒有知名度，除了白天猛接案，晚上還到補習班教英文，完全沒有時間創作。接案的限制千奇百怪，例如：畫教科書的時候，會被要求人物不能畫側臉、不能有「危險」

A

A：舊的工作室一角。

動作等，遭遇到許多限制和瓶頸，她說：「每次畫畫，壓力其實很大」。

又凌入選義大利波隆那插畫獎的作品—— 2015 年〈貓騎士〉與 2016 年〈會生氣的山〉，色彩表現上帶有明亮的色感，主題也可看出又凌想要放入台灣的生活與感受。「貓咪在車水馬龍的台北街頭騎乘摩托車上班，或當送貨員經過忙碌的都市，路上的人卻各個都是低頭族……」；而〈會生氣的山〉創作靈感則來自住在新店山上時，看著附近多了很多砂石車，許多樹被砍掉、一區一區的山被挖掉，蓋了許多房子，她心想：「這樣子對嗎？如果是

山會怎麼想呢？山會生氣嗎？」於是有了這 5 張圖的產生。

2012 年畫了金門，接著畫了歐洲地圖、高雄、台東與台北，2015年為新開幕的高雄新飯店 DUA 設計了地圖，這些默默努力經營的過程，沒想到也變成 2017 年年初將出版的《台灣文化地圖》的前奏。人生似乎就是這樣一步一步走，很難預料到前後究竟會有什麼相關，但是一串連起來後，才恍然「原來，這都是有關聯的啊！」

創作，不是一件浪漫的事情

對自己作品很有想法，並且落實

於創作上，自我要求很高，她認為：「畫面要有故事性。」她有幾個很好的朋友是她聊天的對象，遇上作品瓶頸時，經常去找他們聊天，「一直以來都不是我去找靈感，都是一直畫、一直畫，然後拿給朋友看。在與朋友的聊天中，能得到一些答案和訊息。」身為一位全職媽媽的角色，有著家庭的責任，又想要好好經營創作，所以她說：「創作並不是一件浪漫的事情，也沒有太多的時間休息或旅行，只能很努力抓緊時間一直畫。」

2015 年，她答應挑戰《台灣文化地圖》的繪製，整個 2016 年幾乎全都在做這件事情。「一個商業設計案可能比做一個商品，或是比作任何一本書都容易得到報酬，這一本書的得報率極低，我非常清楚，想做好、很有意義，勝過所有一切……」她家的貓繞到她跟前，跟她回應了一下：「喵！」又凌繼續在創作上耕耘，認真而美好。

B

B：有時候會被貓占領工作桌。

1 · 工作狀態。
2 · 書櫃。
3 · 剛完成的圖會掛起來看。
4 · 另一隻愛貓。
5 · 繪製中的作品。
6 · 工作桌（注意有小孩在後面活動）。

工作桌上的
小宇宙
×
平常日子

How to Work?

一個作品的完成流程

FOLLOW ME!

以《台東文化散步地圖》製作過程為例：

整理蒐集資料

↓

資料確認

↓

繪製草圖

↓

彩稿上色

↓

電腦後製

↓

成品

整理與蒐集資料　Step 1

0829地圖繪製資料.pdf
1008-2.jpg
1008-2.psd
1008.psd
1008草圖.jpg
1016.jpg
1020.jpg
1021.psd
1021p.psd
1022p.psd
1023.jpg
1023.psd
古地圖參考 ▶
地圖資料對應位置 (1).jpg
地圖資料對應位置 (2).jpg
老照片13張 ▶
走跳寶桑老地圖內容與時程規劃.docx
昭和6年台東街 台東廳報.jpg
現存建築 ▶
現存傳統產業 ▶
設計參考 ▶

大同戲院（中正路129號）
中華會館（中正路143號）
吳喜桑茶舖診所舊址（中正路與福建路口）
夜皇都故女戶（復興路與廣東路交叉路口）
東河外科（泰和戲院）（大同路150號）
劉帳房（大同路176號）
順天宮（寶桑路333號）
新興戲院（廣東路與同樂街口）
縣長公館（更生路15號）
寶町藝文中心（中山路190號）

確認地名與地理位置　Step 2

Step 3 繪製草圖

台東文化散步地圖

台東文化散步地圖

Step 4 開始上色

Step 5 電腦後製

陳又凌 Chen Yu-Lin
www.facebook.com/bramasolo2

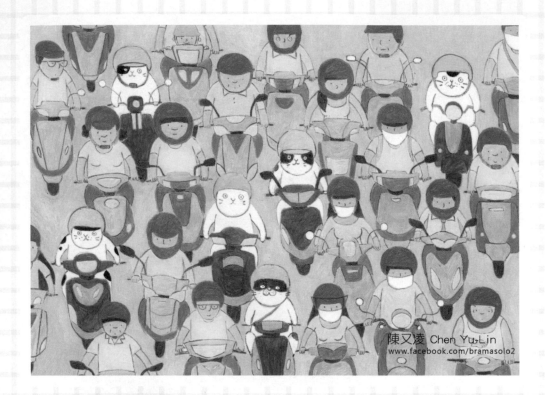

上：**2015** 年波隆那插畫獎作品。

《媽咪怎麼了？》

新生命的來臨，對家中原本的成員來說，
除了喜悅，也有可能是不安的開始。陳盈
帆與陳又凌攜手合作，以此書獻給家中原
本的大哥哥、大姊姊，邀請他們和媽媽一
起迎接懷胎過程與新生命。

上：繪製的台北地圖。
下：明信片。

創作的
果實

ILLUSTRATOR TABLE

張振松

能畫就一直畫

1965 年生，10 歲那年自嘉義鄉下搬到北部落腳至今。曾與多家出版社合作，現為專職插畫家。著作有《晒棉被的那一天》獲時報開卷最佳童書、《目連救母》獲行政院新聞局年度少年最佳讀物、《老鼠捧茶請人客》獲行政院新聞局年度少年最佳讀物、《回家‧回部落》、《阿金的菜刀》獲好書大家讀最佳童書、《田都元帥》獲好書大家讀最佳童書、《砲臺歷險記》、《等待霧散的戴勝鳥》、《奇美》、《晃晃老師的禮物》、《石滬股份有限公司》等近 60 冊圖書。

最喜歡的創作者：夏卡爾（Marc Chagall）、尚 - 賈克‧桑貝（Jean-Jacques Sempe'）

這個人很低調,儘管已出版六、七十本書,多本作品也獲得開卷好書或好書大家讀等獎項,靠著畫教科書也養了家,還堆積了一屋子的收藏物,仍不改低調的個性,默默地做他自己。他是張振松,幼年在嘉義鄉下生活,骨子裡就是很樸實的性格,國小舉家搬遷到板橋,生活並不優渥,全家人卻都知足過日子。

義不容辭的好心腸

這個人在插畫圈混很久,但是極少參與團體活動,帶點自閉傾向,卻是熱心到家。聽林純純說,許多年前,張振松因騎車閒晃經過她位在永康街的家,發現她家中好像有狀況,平日並無交情,但松哥卻二話不說,陪她一起處理了搬家等事,兩人於是成了好友。洪素芳也說:「很少有人,只要開口,就義不容辭地來幫忙……」

A

曾經受到他幫忙的人不在少數。

松哥有顆柔軟的豆腐心，不僅在與朋友相處上，對於家人也是，非常細心體貼，帶老婆出門，已結婚二、三十年的老夫妻，還是細心地牽著老婆大人的小手，貼心呵護，這讓其他很多「老」一輩的插畫家老男人很不是滋味。有一次，我們有 4 對夫妻一起到澎湖，就是因為松哥對老婆呵護太好，激起另一對夫妻的太太覺得委屈，引發了夫妻間的戰爭。

他的豆腐心也經常表現在生活中，因接案子到各地做探查，行間，可以發現他對老人、小孩、小動物特別友善，這個人吃軟不吃硬，編輯要跟他討論事情，經常被他固執的臉嚇到，但是其實只要好好地跟他說，雖然中間有「冰的」的危機，通常還是可以溝通的。

A：聽音樂是重要的能量補給。　B：沒有人在家的時候。

經歷出版輝煌時期

「我應該會畫圖畫到死吧！」年輕的時候，恰逢出版發展蓬勃時期，教科書或課外讀物多，出版社、雜誌社、報社爭相邀稿，每個月的收入比上班族優渥，那是一段已經回不去的輝煌時光了，因稿量多，養成夜貓子的習性，在夜深人靜的時候，聽著黑膠唱片的音樂，嫻熟的技術，一張張的彩圖就這樣完成。

張振松的圖畫很有個人風格，在規矩的構圖下會故意出現凌亂的線條表現他的灑脫，對於人物的刻畫，辨識度極高，經常讓人一眼就知道是他的作品。粗曠的外表，圖像的色彩卻非常夢幻，他最擅長彩色墨水的渲染效果，色彩的堆疊有獨到的風格。

樸實的性格形成生活的樣貌

松哥因為在家工作，所以也承攬了家中許多事，從買菜、煮飯到打掃，家事樣樣做得挺好。他對自己所做的料理也很有自信，在外面吃了什麼，還是都忍不住自

的桃花源，種了很多的蘭花，以及從各處撿回來的花草，細心地培育，長多了就到處分送，除了照顧自己的花園，也熱衷於為朋友打理園藝。

近幾年因家中親人生病，為了照顧家人，松哥的生活作息有稍微正常一點；為家人張羅三餐，偶爾一起外出覓食，或與朋友相約小聚，畫圖之餘，騎單車是他很重要的放鬆運動。

誇沒有自己煮得好吃。住在一般公寓頂樓，自己打造了一座幽靜

他喜歡隨興地過日子，不喜歡爭論或比賽這類凡事，包括運動，求的也是安步當車而不是競速。

C：單車跟蘭花都是他的好朋友。

1 · 吃飯的傢伙們。

2 · 借窗外的光畫圖，能省就省。

3 · 雖是頂樓，也能打造一個小花園。

4 · 工作桌。

5 · 具個人風格的工作室。

工作桌上的
小宇宙
×
平常日子

How to Work?

一個作品的完成流程

以《石滬股份有限公司》製作過程為例：

FOLLOW ME!

Step 1 草圖

Step 2 亂畫

接到什麼稿子
就畫什麼

需要找靈感
才有畫面

出門亂走，
看看樹，亂畫。

到了截稿日
就趕緊畫草圖

上色完成

上：《回家·回部落》內頁。

左：《回家·回部落》。
中：《晃晃老師的禮物》。

《石滬股份有限公司》

繼《晃晃老師的禮物》之後，張振松再度走訪吉貝，走踏在令人
歎為觀止的石滬堤岸上，再次為澎湖這塊土地呈現珍貴的傳統漁
業技藝。

創作的
果實

敖幼祥

畫一張是一張

風靡全球華人的漫畫家。1980 年在《民生報》發表四格漫畫《皮皮》一舉成名，
1983 年連載的《烏龍院》系列造成轟動，曾改編成動畫和真人連續劇，大多數台
灣讀者都是跟隨著《烏龍院》的角色們一起成長，魅力至今不減，可說是華語漫
畫界的「丁丁 TinTin」。

最欣賞的創作者：尾田榮一郎

千金難買的祝福

與敖幼祥認識超過 25 年，結婚的喜帖還是敖兄所繪製。記得當年，敖兄說我與先生的愛情故事足以畫成一整本的漫畫，至少要為我們的喜帖畫成 16 頁的小冊，不改漫畫家要被編輯催稿的本性，眼看結婚日期逼近，敖兄依然沒交稿，算一算趕工的話，敖兄一天可以畫 4 頁，16 頁應該來不及了，就跟他說畫個 4 頁就好，他說那絕對沒問題。日子又逼近，後來連 4 頁都來不及，就改畫 1 頁，這一頁對我的人生來說，已經算是千金難買的經典之作了。

「累積作品、累積作品、累積作品」

從 25 歲開始進入動畫公司，一晃眼，敖兄進入這行已近 40 年了，完成的作品將近 200 冊，目前堪稱兩岸火紅的漫畫家。我經常跟年輕畫家提到一個活生生的例子，那就是「累積作品、累積

A

作品、累積作品」。敖幼祥創作的第一個漫畫角色：「皮皮」，在《民生報》兒童版發表4格漫畫，接續在中國時報等報業媒體陸續都有新題材與新角色的漫畫發展，後來以《烏龍院》大紅大紫，此部作品全球的出版銷售量超過4300萬冊。敖幼祥有句名言：「畫一張是一張。」在他工作台上會看到他的標記，這是畫連環漫畫很大的挑戰。

紅了以後，他也曾想過要投資拍電影、開餐廳等發展其他行業，但是回過頭來，他不改本行本性，依然很認真地繼續在漫畫本業耕

耘，後來又延伸發展了《漫畫中國成語》等學習性作品。敖兄因為累積的作品數量非常可觀，得以在大陸大量發展，加上新的創作，作品至今依然持續發燒。

在業界，大家都叫敖幼祥大師兄，身高一百八十幾公分的他，個性就是大哥樣。個子雖然高大，其實很靦腆，天蠍座的性格，與不

A：特製的喜帖。　B：寵物。

熟的人相處是沉默寡言，只有喝起酒來，才會開始慢慢傻笑。他的漫畫角色，其實都相當可愛，「皮皮」、「吉利」都是可愛的小狗，他非常擅長畫動物，內心其實有搞笑與悶騷的一面，所以可以創造出《烏龍院》那些啼笑皆非的情節。

敖兄其實很喜歡朋友，只是不善於經營與規畫人、事、物，對他來說，除了家人，朋友是他很重要的資產，也是人生中一股支持的力量所在。早期與漫畫家們合組棒球隊，平常畫畫的夥伴藉打球相聚，同時運動。敖兄這幾年居住在花蓮，偶爾到大陸的工作室工作或開會，住在花蓮的期間，生活規律，偶爾與朋友聚聚成了最大的樂趣。

C

我跟敖兄十幾年間斷了聯繫，有一年因為接了花蓮的工作，打電話給他，他開車到火車站接我，然後到他家中小聚，看他忙裡忙外，很擔心打擾到他工作或生活，他太太偷偷跟我說：「可以看山他很開心！」記得那時，他二話不說將海邊房子的鑰匙交給我，「隨時來都可以去住……」這是天蠍座的人，一旦是朋友，儘管十幾年沒聯繫卻是永遠都放在心上。我看到他在花蓮的生活安定快樂且知足，也替他感到欣慰。我跟他說：「應該培養一些其他興趣，活動身體或讓思緒離開漫畫一下下……」沒想到，後來真的看到他去學木工。

「大師級」的日常與創作

大師級漫畫家的工作室並沒有太

D

C：畫作製作成拼圖。　D：牆上掛著剛畫好的圖。

大的不同，有時候他就窩在家裡
畫，有時候會想換個環境，於是
就在海邊也弄個窩，在山邊也弄
個小窩的想法。但是每個小窩要
工作時，還是需要有靈感才能繼
續下去，所以尋找靈感是漫畫家
很重要，也很現實的因素。

敖兄在 2015 年年底，到法國安
古蘭駐村半年，這半年的時間遠
離熟悉的環境與人、事、物，在
不同的氛圍下，腦袋與心情有了
新生與撞擊，他將所見所聞畫成
了 150 頁的漫畫，無私地向大家
分享。

這幾年，敖兄投入部落以及後山
的漫畫教學，希望發揮專長，帶

領有興趣的下一代拿起畫筆畫
畫。「畫圖是最開心的事情！」
小時候因為氣喘不能出去操場上
玩耍而畫圖，現在，要一直畫一
直畫，看到孩子們因為看他的畫
而有了笑容，是一件令他開心的
事。而敖兄這十幾年來追求的夢
想就是：「我要蓋一座漫畫博物
館！」也在他一頁一頁的畫，累
積作品、累積能量中，逐步朝夢
想邁進。

「畫畫的時候，力氣最大，每個
人都可以變成超人……」這樣的
信念，讓他永遠像個大孩子般，
有著純真的天真，有著想為孩子
逐夢的心。

1 · 「畫一張是一張的信念」。
2 · 臨時工作桌，想畫的時候那裡都可以。
3 · 海邊有棟小房子，風景無敵。
4 · 偶爾去小房子前看海、整理園藝。
5 · 工作桌。

工作桌上的
小宇宙
×
平常日子

6・漫畫教室裡氣球造型拍照區。

7・教學。

8・台灣第一座漫畫專門學校。

9・正在蓋的山中屋。

10・雜亂書櫃藏著 **36** 年漫畫創作的生命。

11・刻印在書櫃旁的創作進度，每畫完一張就畫掉一格。

12・敖幼祥的女兒自製的皮皮偶，皮皮是他的第一個漫畫角色。

上：在《阿咪子‧故事集》中描述了敖幼祥真實的生活。
左下：經常畫自己的內心狀態，其實個性很悶騷。
右下：《一隻叫做扁食的貓》透露了敖幼祥許多心聲。

創作的
果實

How to Work?

一個作品的完成流程

靠一顆扁頭想靈感
或組工作團隊
大家一同來腦力激盪

只能不斷地畫

希望作品能發表

發表後出版 授權

期望開一間
漫畫博物館

創作者的工作桌與日常

2016 年 11 月初版

著　　者	黃惠鈴
總 編 輯	胡金倫
總 經 理	羅國俊
發 行 人	林載爵
叢書主編	黃惠鈴
編　　輯	張玟婷
整體設計	Today Studio

聯經出版事業股份有限公司

台北 市基隆路一段 1 8 0 號 4 樓

（02）87876242 轉 214

ISBN 978-957-08-4824-3（平裝）　　　　　定價：新臺幣 480 元

聯經網址：www.linkingbooks.com.tw
電子信箱：linking@udngroup.com

感謝協助本書提供插畫、照片、書封與作品內頁等相關圖文：

小林豐、施政廷、崔麗君、嚴凱信、李如青、蔡兆倫、孫心瑜、陳盈帆、簡正鎮、
林柏廷、陳怡今、江長芳、鄭潔文、陳孝貞、信子、曹益欣、皮哥、陳維霖、
蔡秀敏、羅方君、無疑亭、查理宛豬、陳又凌、張振松、敖幼祥（依本書目次排序）
小兵出版公司、小魯出版公司、立言圖書公司、台灣足跡、白象文化、文化部
文化資產局、宜蘭縣政府文化局、連江縣政府文化局、澎湖縣政府文化局、花
蓮縣政府文化局、時報出版公司、道聲出版社、暢談國際、VOX furniture 頂
茂家居、聯經出版公司、劉榮昌

國家圖書館出版品預行編目資料

創作者的工作桌與日常/黃惠鈴著 . 初版 .
臺北市 . 聯經 . 2016年11月（民105年）. 320面 .
17×23公分
ISBN　978-957-08-4824-3（平裝）

1.作家　2.繪本　3.世界傳記

781.054　　　　　　　　　　　　　105020105